세상에 대하여
우리가
더잘 알아야 할
교양

(38)

지은이 | 옮긴이 | 감수자 소개

지은이 **존 디콘실리오**

미국 출신의 기자이자 작가입니다. 다수의 유명 잡지에 글을 기고하고 있으며 《수단의 잃어버린 아이들(Lost Boys of Sudan)》, 《프랭클린 피어스(Franklin Pierce)》, 《우리들 사이에 세균이 있다(There's a Fungus Among Us)》 등의 저서를 발표했습니다. 주된 관심 분야는 보건과 교육 분야이지만 법과 역사도 다룹니다.

옮긴이 **최가영**

서울대학교 약학대학원을 졸업했습니다. 현재 의학 분야 출판 기획 및 전문 번역가로 활동 중입니다. 주요 역서로는 《더 완벽하지 않아도 괜찮아: 끊임없는 강박사고와 행동에서 벗어나기》, 《복부 비만 없애는 식습관의 비밀》, 《당신의 다이어트를 성공으로 이끄는 작은 책》 등이 있습니다.

감수지 **송미옥**

20여 년간 약사로 근무했습니다. 퇴근 후엔 건강 사회를 위한 약사회에서 정책국장으로 활동하고 있습니다. 의약품과 관련된 다양한 문제를 다룬 서적 《식후 30분에 읽으세요》의 공동 저자입니다.

세 상에 대하여
우리가
더 잘 알아야 할
교양

존 디콘실리오 글 | 최가영 옮김 | 송미옥 감수

38

슈퍼박테리아
과학으로 해결할 수 있을까?

내인생의책

차례

※ 본문의 **굵은 글씨**로 표시된 단어는 112페이지 용어 설명에서 찾아보세요

현대인의 삶은 병원에서 시작하여 병원에서 끝난다고 해도 과언이 아닙니다. 우리들 대부분은 산부인과에서 태어나고 병원에서 삶을 마감하지요. 병원과 약국을 오가는 사람들을 관찰해 보면 참 연령도 다양하고 모습도 다양합니다. 저는 오늘도 그들을 만나 상담을 하고 약을 건네었지요. 저 같은 직업인의 눈에는 건강한 사람도 과거의 환자나 미래의 환자로 보이게 마련입니다. 약을 처방받으러 온 사람들을 지켜보고 있노라면 자연스럽게 우리나라의 보건 의료 제도에 대한 고민을 시작하게 되지요. 우리는 평생 약을 먹으며 살아가니까요.

현대 의약학의 발전과 의약 기술의 발달은 실로 눈부십니다. 1940년대 초반부터 발달하기 시작한 항생제 치료 기술은 지금까지 칠십여 년의 세월을 거쳐 발전을 거듭해 왔습니다. 항생제는 그동안 인간에게 진정으로 고마운 존재였습니다. 항생제의 발달이 현재와 같이 2,000~3,000개의 병상을 갖춘 대형 병원을 운영할 토대를 마련해 주었다고 해도 과언이 아니지요. 하지만 이런 치료 과학 기술의 눈부신 성장 뒤에는 짙은 그림자가 드리워져 있기도 합니다.

그 짙은 그림자 중 하나가 바로 이 책이 주제로 삼고 있는 슈퍼박테리아입니다. 전쟁에서 적을 섬멸하듯 세균도 박멸하면 그만이라는 인간의 오만한 생각이 슈퍼박테리아의 출현을 부추겼지요. 많은 사람들이 슈퍼박테리아로 인해 소중한 목숨을 잃고 있습니다. 더 강한 항생제에도 죽지 않는 슈퍼박테리아의 종류도 점점 늘어나고 있어요.

슈퍼박테리아의 출현 이면에는 새로운 항생제 개발에 대한 환상 때문에 겉으로 드러나지 않는 의약품 불안전성이 있습니다. 언론에 대서특필되는 신약 개발 소식은 대개 과학 기술의 눈부신 결과물에만 초점을 맞춥니다. 의약품의 이로운 효능에는 항상 부작용이 따르지만 세상은 그에 대한 우려의 목소리를 외면하고 있지요. 이제는 신약 개발이 인류에게 가져다 줄 이익과 위험성을 동시에 살펴보아야 할 때입니다. 슈퍼박테리아의 출현은 자연이 인간에게 주는 엄중한 경고입니다.

이 책은 슈퍼박테리아의 출현과 현대인의 항생제 남용 문제를 진지한 자세로 성찰해 보게 합니다. 성장 촉진을 위해 가축에게 항생제를 투여하는 문제라든지, 병원과 약국에서 무분별하게 항생제를 처방하고 사용하는 현실에 대해 재고해 볼 기회 또한 마련해 줍니다. 특히 슈퍼박테리아로 인해 발생하는 전염성 질환과 사회 문제에 대해 독자 스스로 고민해 보게끔 구성한 점이 이 책을 읽는 내내 눈에 띄었습니다. 의약품을 매개로 하는 보건 의료 제도의 발전 방향은 어느 쪽으로 흘러가야 할까요? 과연 슈퍼박테리아는 새로 개발될 슈퍼의약품으로 박멸할 수 있을까요? 박멸할 수 없다면 앞으로의 질병 치료는 어떤 방향으로 발전해야 할까요? 저 역시도 끊임없이 고민하게 됩니다. 이 책을 읽는 독자 여러분도 우리의 건강한 미래를 위해 다함께 생각해 보았으면 합니다.

건강 사회를 위한 약사회 정책국장 **송미옥**

들어가며 : 항생제의 기적은 끝났다

2004년 어느 날, 생후 15개월 된 사이먼 마카리오가 탈수, 천식, 알레르기 증상을 보이기 시작했습니다. 그 나이 때 아이들이 흔히 겪는 증상이기 때문에 병원에서는 대수롭지 않게 여겼지요. 의료진은 사이먼에게 항생제를 처방했어요. 약을 먹고 나자 사이먼의 상태는 차츰 호전되는 듯이 보였습니다. 며칠이 흘렀습니다. 한밤중에 잠에서 깬 사이먼이 비명을 질러대기 시작했습니다. 열이 펄펄 끓고 있었지요. 사이먼의 부모는 아이를 업고 병원으로 달려갔어요. 정밀 검사를 마친 결과 사이먼이 심각한 감염 질환에 걸렸다는 사실이 밝혀졌지요. 그제야 모두가 사태의 심각성을 깨달았습니다. 항생제를 주사하고 심폐 기능 보조 기계까지 동원했지만 사이먼은 조금도 회복될 기미가 보이지 않았어요.

사이먼의 부모는 아기가 입원한 지 불과 며칠 만에 생명 유지 장치를 떼기로 결정했습니다. 사이먼의 사망 두 달 뒤 실시한 부검에서 사이먼이 MRSA(Methicillin-resistant *staphylococcus aureus* 메티실린 내성 황색포도상구균. 1961년 영국에서 처음 보고됨) 감염으로 인해 사망했다는 사실이

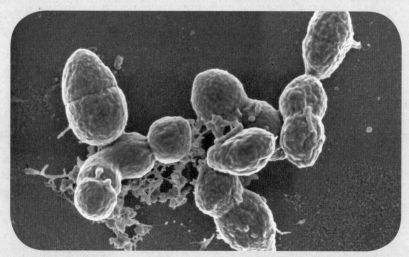

폐렴구균은 한때 페니실린과 같은 항생제로 간단하게 물리칠 수 있었다. 하지만 폐렴구균은 항생제 내성을 획득했고, 오늘날까지 콧물, 음식, 침을 통해 전파되는 '살인 슈퍼박테리아'로 악명을 떨치고 있다.

밝혀졌지요. MRSA 감염은 포도상구균이라는 박테리아 때문에 생겨나는 질병입니다. 원래 포도상구균은 감염되어도 항생제로 쉽게 치료할 수 있는 박테리아였지요. 하지만 포도상구균 감염에 항생제가 듣지 않는 경우가 자주 발생했어요. 포도상구균이 항생제에 내성을 가진 MRSA라는 슈퍼박테리아로 변이를 일으켰기 때문입니다.

항생제와 슈퍼박테리아

인류가 최초로 박테리아의 실체를 확인한 시기는 1660년입니다. 박테리아를 처음 발견한 주인공은 뜻밖에도 네덜란드의 의류 상인이었지요. 안톤 판 레이우엔훅이라는 이름의 이 남자는 평소 옷감이 촘촘히 짜

였는지 확인하기 위해 돋보기 렌즈를 자주 사용했습니다. 그는 직접 렌즈를 갈아 사용하기도 했지요. 어느 날 레이우엔훅은 새로 만든 렌즈의 성능을 시험하려고 연못물 한 방울을 떨어뜨려 들여다 보았습니다. 연못물 속에는 박테리아가 떠다니고 있었지요. 바로 그때가 역사상 처음으로 인류가 박테리아를 관찰한 순간입니다. 그 뒤 1870년에는 독일인 의사 로베르트 코흐에 의해 박테리아가 질병을 일으키기도 한다는 사실이 밝혀졌지요. 이때부터 박테리아와의 끊임없는 전쟁의 서막이 올랐습니다. 인류는 박테리아가 일으키는 수많은 질병에 맞서 싸우기 위해 갖은 노력을 기울였어요. 그중 항생제는 박테리아의 위협으로부터 인류의 건강을 지킬 획기적인 발명품이었지요. 항생제의 발달 덕분에 인류는 대부분의 질병에서 해방되는 듯이 보였어요.

하지만 그로부터 얼마 지나지 않아 박테리아가 항생제에 적응한다는 사실이 밝혀졌습니다. 이렇게 항생제에 적응해 내성을 획득한 박테리아는 자기 자신을 마구 복제해 번식을 거듭했지요. 박테리아는 인간이 항생제를 사용하면 할수록 더 강력해졌고, 결국 지금까지의 항생제로는 죽일 수 없는 슈퍼박테리아가 탄생하게 되었지요. 그러나 이 같은 사실이 드러났음에도 인간의 항생제 사용은 줄어들지 않았습니다. 사이먼을 죽음으로 몰고 간 MRSA도 바로 이러한 슈퍼박테리아의 한 종류였어요.

공포의 확산

최근 들어 슈퍼박테리아의 공포가 전 세계로 확산되는 분위기입니다. 세계 곳곳에서 사이먼처럼 슈퍼박테리아에 감염되어 목숨을 잃는 사람들의 소식이 들려오지요. 치료제가 없는 이 전염병은 순식간에 많은 사람에게 전파되어 손쓸 새도 없이 목숨을 앗아가고 있어요. 더욱이 지금처럼 전 세계가 하나의 생활권으로 묶여 있는 경우에는 전염병이 퍼지는 속도가 예전보다 더 빠를 수밖에 없어요. 만약 슈퍼박테리아가 원인이 된 유행성 전염 질환이 퍼지기 시작하면 인류 문명의 존립 자체가 심각하게 타격받을 수도 있지요.

이 모든 문제의 원인은 바로 항생제 남용입니다. 인류는 너무 많은 항생제를 사용해 왔어요. 지금까지 우리에게는 항생제가 만병통치약일 수 있다는 강한 믿음이 있었습니다. 결국 항생제에 대한 맹신과 오남용이 슈퍼박테리아라는 돌연변이 괴물을 창조해 낸 셈이지요.

인간의 욕망

많은 사람들이 이제 그만 항생제 사용을 줄여야 한다고 말합니다. 그러나 실제로는 항생제 사용을 줄이지 않고 있어요. 의사의 처방전 없이 항생제를 구입할 수 있는 나라도 많습니다. 또 가축에 사용하는 항생제 남용의 심각성을 제대로 인지하는 사람은 별로 없어요. 가축을 더 살찌운다는 잘못된 지식을 가지고 동물에게 항생제를 섞은 사료를 먹이는 사람도 많습니다.

슈퍼박테리아는 인간의 비뚤어진 욕망의 산물인지도 모릅니다. 더 많은 고기를 얻기 위해, 더 비싼 값에 더 많은 약을 팔기 위해, 더 빠르고 쉽게 병을 치유하기 위해, 인간은 항생제를 사고팝니다. 슈퍼박테리아가 인류의 존망에 대한 위협 수위를 높여도 인간은 눈앞의 욕심 때문에 항생제 사용을 줄이거나 멈추지 않습니다. 과연 항생제 오남용을 이대로 두어도 될까요? 우리의 미래가 흔들리지는 않을까요?

어떤 사람들은 더 강력한 항생제가 개발되면 슈퍼박테리아로 인한 질병에서 벗어날 수 있다고 생각합니다. 하지만 슈퍼박테리아는 새롭게 개발된 항생제에도 빠르게 적응해 나가고 있습니다. 항생제를 양분 삼아 번식하는 슈퍼박테리아조차 존재하고 있지요. 먼 미래에는 항생제 자체가 쓸모가 없는 상황이 눈앞에 닥칠지도 몰라요. 그렇다면 우리는 어떻게 해야 할까요? 새로운 항생제 개발을 포기해야 할까요? 인간이 항생제를 아예 사용하지 않는 날이 오기는 할까요?

이 책에서는 슈퍼박테리아에 대한 모든 것을 다룹니다. 혹시 여러분이 몸이 아플 때마다 무심코 항생제를 복용해 왔다면 이 책을 통해 그 위험성을 절감하게 되리라 생각합니다. 이 책이 슈퍼박테리아와 항생제 오남용에 대한 깊은 성찰의 계기가 되었으면 합니다.

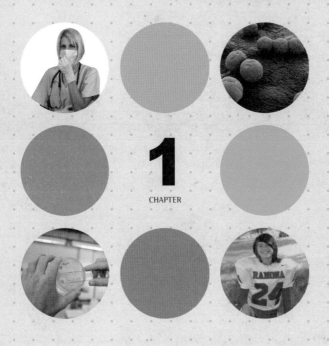

1

슈퍼박테리아란
무엇인가요?

흑사병, 결핵, 한센병의 유행은 그 시기에 번성했던 인류 문명 전체를 흔들어 놓을 만큼 파급력 있는 사건이었습니다. 이러한 비극은 오늘날에도 벌어지고 있습니다. 세계적으로 매년 1억 8천만 명 이상이 결핵으로 세상을 떠나는데 이중 20퍼센트의 환자가 항생제에 내성이 있는 슈퍼박테리아 때문에 목숨을 잃고 있지요.

우리는 몸이 아플 때 먼저 약국이나 병원을 찾습니다. 감기와 같은 가벼운 질병에 걸렸을 때도 큰 망설임 없이 약을 처방 받아 복용하지요. 문제는 우리가 무심코 복용하는 약의 상당량이 항생제라는 점입니다.

슈퍼박테리아란 아무리 강한 **항생제**를 사용해도 죽지 않고 저항하는 생명력이 질긴 **박테리아**를 말합니다. 우리가 항생제를 자주 사용하면 박테리아가 항생제에 함유된 **항생 물질**에 점차 적응하게 됩니다. 이러한 적응 과정을 내성이라고 부릅니다. 일단 내성을 획득한 박테리아는 점차 내성이 강해져서 흔히 사용하는 보통 항생제로는 치료할 수 없게 되지요. 사람들은 더 강한 항생제를 개발해 사용했고, 그때마다 박테리아는 그 새로운 항생제에 적응해 왔어요. 그러던 어느 날, 그 어떠한 항생제로도 치료할 수 없는 슈퍼박테리아가 탄생할 수 있다는 사실이 사람들에게 알려졌지요.

무적의 세균

2010년 어느 여름날 미국에서 이상한 사건이 발생했습니다. 원인 모를 병에 걸린 환자 3명이 각기 다른 지역에서 발견되었지요. 의료진은 당혹스러워했습니다. 환자 3명의 증상은 모두 동일했습니다. 위장과 방광에 염증이 있었고 심한 복통을 호소했어요. 또한 고열에 시달렸고 구역질도 했지요. 하지만 이 3명의 환자에게 공통점은 없었습니다. 한 사람은 교통사고로 입원한 캘리포니아 출신 여성이었고, 다른 한 사람은 오랫동안 앓아 온 지병으로 일리노이 주의 병원에 입원한 남성이었지요. 나머지 한 사람은 매사추세츠 주에 거주하는 여성 암 환자였어요.

3명의 환자는 모두 강력한 박테리아에 감염된 상태였습니다. 박테리아는 현미경으로만 관찰할 수 있을 만큼 작은 단세포 생물입니다. 지구상에서 가장 개체 수가 많은 생물이기도 하지요. 의사들은 박테리아 감염을 치료하는 방법을 잘 알고 있었습니다. 항생제가 바로 그것이었지요. 수십 년 동안 박테리아 감염 질환을 성공적으로 치료할 수 있었던 것은 모두 항생제라는 강력한 무기 덕분이었습니다. 베거나 긁힌 상처부터 위중한 감염 질환에 이르기까지 다양한 질병 치료에 항생제를 이용해 왔지요.

담당 의료진은 평소대로 이 3명의 환자에게도 항생제를 투여했습니다. 항생제를 투여한 다음 환자의 증상이 나아지는지 지켜보았지요. 하지만 환자들은 상태가 더 심각해질 뿐, 회복될 기미가 조금도 보이지 않았어요. 의료진은 환자에게 더 강력한 항생제를 투여했습니다. 하지만 별다른 효과가 없었어요.

의료계는 큰 충격을 받았습니다. 박테리아가 항생제에 저항하는 것이 아니고서야 이런 현상은 일어날 수 없었기 때문입니다. 정체불명의 박테리아 앞에서는 아무리 강력한 약도 쓸모가 없었지요. 의료 전문가들은 거듭해서 치료에 실패한 뒤에야 무시무시한 적이 새로 출현했다는 사실을 깨달았습니다.

그 새로운 적은 평범한 박테리아가 아니었습니다. 슈퍼박테리아였지요. 슈퍼박테리아의 출현은 치료되지 않는 전염병이 세상을 휩쓸 가능성이 실재한다는 뜻이기도 했습니다. 새로운 박테리아의 출현으로 인해 전 세계인의 건강이, 생명이 위협받고 있다는 의미였지요.

전 세계적인 돌림병

슈퍼박테리아는 단지 어느 한 나라만의 문제가 아닙니다. 미국과 캐나다, 영국, 일본, 인도 등지에서도 슈퍼박테리아에 의한 감염 사례가 보고되었습니다. 안타깝게도 그중 항생제를 사용해서 완치된 환자는 단 한 명도 없었습니다. 한국도 슈퍼박테리아의 위협으로부터 안전한 지대는 아닙니다. 아직까지 한국에서 슈퍼박테리아 감염으로 인한 사망자가 공식적으로 집계되지는 않았습니다. 하지만 한국 내 병원에서도 슈퍼박테리아 **보균자**가 수십 명 발견된 사례가 있어요. 공식적인 통계가 없을 뿐 이미 슈퍼박테리아로 인해 사망한 사람이 많다는 것이 국내 의료계의 정설입니다.

통계에 따르면 한 해 동안 전 세계 병원에서 약 120만 명의 입원 환자가 박테리아에 감염되고 그중 9만 명 정도가 사망한다고 합니다. 최근 영국에서는 항생제가 듣지 않는 감염 질환으로 사망하는 사람의 수가 급증했습니다. 감염 질환으로 인한 사망자가 연간 100명이 채 되지 않았던 1990년대와는 달리 2000년대에 이르자 감염 질환 사망자가 연간 1,600명 이상으로 늘어났지요. 미국 국립 알레르기 감염 질환 연구소의 보고서에 의하면 이러한 박테리아의 70퍼센트 이상이 한 가지 이상의 항생제에 저항한다고 합니다. 하나의 박테리아가 여러 종류의 항생제에 내성을 갖는다는 거예요.

신종 슈퍼박테리아 MRSA

2006년 마리벨 에스파바라는 영국인 간호사가 아기를 낳은 지 5일 만에 슈퍼박테리아에 의한 폐렴으로 사망했습니다. 여러 항생제를 써 보았지만 소용이 없었지요. 당시 의료진은 대학 병원의 당뇨병 병동에서 일하던 마리벨이 근무 중에 MRSA에 노출되었다고 판단했습니다.

MRSA는 요양 시설이나 병원 등지에서 심심치 않게 발견되는 슈퍼박테리아입니다. MRSA는 '메티실린 내성 황색포도상구균(Methicillin-resistant *Staphylocossus aureus*)'을 짧게 줄인 이름입니다. **메티실린**이라는 항생제에 저항하는 박테리아라는 뜻으로 붙은 이름이지요. 황색포도상구균(*Staphylocossus aureus*)은 1941년 페니실린이 처음 실용화되면서 치료가 가능해졌어요. 그 뒤 이 페니실린이 듣지 않는 균이 출현하자 더욱 강력한 항생제인 메티실린이 개발되었지요. 황색포도상구균이 메티실린에 노출되어 **변이**를 일으키면 내성을 가진 슈퍼박테리아가 됩니다. 이렇게 탄생한 슈퍼박테리아가 바로 치명적인 감염 질환의 원인균인 MRSA이지요. 대부분의 전문가는 MRSA가 병원과 요양 시설만이 아니라 일상적인 공간에도 떠다닌다고 지적합니다.

MRSA는 건강한 사람을 사망에 이르게 만들기도 합니다. 캘리포니아 주에 살던 카를로스 돈은 2007년 1월 병원에서 독감 진단을 받았습니다. 카를로스는 자신의 병을 대수롭지 않게 여겼지요. 하지만 증상이 악화되기 시작했습니다. 카를로스는 정신을 잃을 정도로 심각한 상태에 **빠졌어**요. 카를로스의 부모는 아들을 업고 병원으로 달려갔지요. 그러나 이미 심장과 폐가 심각하게 손상된 상태였습니다. 한 달 뒤, 카를로스가 세상

2007년 1월, 어린 카를로스는 독감 진단을 받았다. 하지만 상태가 급격하게 나빠지면서 독감보다 더 심각한 병에 걸렸다는 사실이 드러났다. 카를로스는 독감 진단을 받은 지 불과 몇 주 만에 MRSA 감염으로 인해 세상을 떠났다.

을 떠나고 나서야 의사들은 사망 원인이 MRSA임을 알아차렸습니다.

유럽과 아메리카 대륙, 북아프리카, 중동, 동아시아에 이르기까지 가장 흔하게 발견되는 항생제 내성균이 바로 MRSA입니다. 지난 수십 년 동안 해외 여행객이 급격히 늘었고 MRSA는 여행객의 몸 안에 잠복해 있다가 전 세계 곳곳으로 빠르게 퍼져 나갔지요.

집단 발병

슈퍼박테리아에 의한 집단 발병은 1967년에 최초로 발생했습니다. 뉴기니 섬에 살던 한 부족 전체가 지독한 폐렴에 걸렸어요. 이들 모두에게 페니실린을 투여했지만 전혀 효과가 없었습니다. 이 사건이 슈퍼박테리아에 의한 최초의 집단 발병입니다.

2000년대 중반 영국에서도 비슷한 사건이 일어났습니다. 한 병원에 입원했던 환자 300명이 박테리아로 인한 위 감염으로 사망한 사건이었지요. 클로스트리듐 디피실리(*Clostridium difficile*)라는 슈퍼박테리아가 원인이었습니다. 대부분의 사망자는 나이가 많은 노인이었어요.

몇년 전에는 이라크 전쟁에 참전했던 일부 병사가 아시네토박터(*Acinetobacter*)라는 슈퍼박테리아에 감염된 채 본국인 미국으로 귀국해서 큰 논란을 일으켰습니다. 아시네토박터는 상처를 통해 사람의 몸속으로 침투합니다. 이때 팔다리에 감염 증상이 생기면 심한 경우에는 팔다리를 잘라 내야 하지요. 결핵균도 최근 내성이 강해지면서 다른 치명적인 슈퍼박테리아처럼 세계인의 건강과 생명을 위협하는 새로운 존재로 떠올랐습니다. 결핵균으로 인해 사망하는 사람이 전 세계직으로 매년 180만 명에 이른다는 **세계 보건 기구**의 통계도 있습니다.

의학계는 이처럼 슈퍼박테리아의 무자비한 공습을 막기 위해 고군분투하고 있습니다. 새로운 항생제를 개발하는 데 많은 연구와 자본을 투자하고 있지요.

생각해 보기

슈퍼박테리아는 어디에나 존재하지만, 의외로 슈퍼박테리아 감염률이 가장 높은 장소는 병원이다. 병원에 입원했던 일이 있는가? 만약 있다면 당시 의사나 간호사에게 박테리아 감염에 대한 충분한 설명을 들었는가? 슈퍼박테리아가 병원 내에 퍼지지 않도록 하려면 병원은 어떤 조치를 취해야 한다고 생각하는가? 슈퍼박테리아 감염을 피하기 위해 우리가 할 수 있는 일은 무엇일까?

착한 박테리아와 나쁜 박테리아

박테리아는 땅이나 물에서도 살 수 있습니다. 하지만 박테리아에게 가장 좋은 삶의 터전 중 하나는 바로 동물의 체내입니다. 동물의 몸은 늘 습도가 적절하게 유지되고 먹잇감이 풍부한 장소거든요. 사람의 몸에도 수많은 종류의 박테리아가 살고 있습니다. 피부와 호흡기, 소화기 같은 곳에 수없이 많은 박테리아가 서식하지요. 이를테면 사람의 위장에는 우리 몸 전체를 구성하는 세포수의 10배에 달하는 수의 박테리아가 존재해요.

우리 몸 안에 사는 박테리아의 대부분은 사람에게 유익합니다. '착한'

박테리아는 우리가 병에 걸리지 않도록 보호하는 역할을 하지요. 면역계를 튼튼하게 하거나 비타민을 합성하거나 소화를 돕기도 합니다. 한편 동물의 몸 밖에 사는 착한 박테리아는 자연환경을 정화하는 기특한 일을 하지요. 이러한 박테리아는 동식물이 죽고 나면 그 몸에 남아 있던 영양소를 재활용하고 유해한 폐기물을 무독한 물질로 바꿉니다.

이와 달리 '나쁜 박테리아'는 대개 동물의 몸 밖에 삽니다. 우리 몸 안에 들어오지만 않는다면 아무런 문제도 일으키지 않아요. 하지만 나쁜 박테리아가 우리 몸에 들어오게 되면 **인두염, 콜레라, 백일해** 등의 질병을 일으켜 건강을 해칩니다. 나쁜 박테리아는 주로 코와 입을 통해 체내에 들어와 위장과 폐에 염증을 일으키지요. 결핵균은 공기 중의 수증기에 숨어 있다가 사람이 호흡할 때 공기 속에 섞여 들어와 결핵을 일으킵니다. 대장균과 화농연쇄상구균처럼 사람의 몸에 들어와 식중독을 유발하는 균도 있지요.

박테리아는 피부 상처를 통해서도 체내에 잠입할 수 있습니다. 박테리아가 체내에 들어와 감염을 일으키면 피가 탁해지면서 체내 조직이 파괴됩니다. 호흡기를 통해 감염되는 세균과 상처를 통해 감염되는 세균이 따로 존재하지는 않습니다. 같은 박테리아가 침투 경로에 따라 다른 질병을 일으키기도 하지요. 이를테면 A군 연쇄상구균(Streptococcus A)이라는 박테리아는 호흡기로 들어가면 인두염을 일으키고 상처를 통해 체내에 침투하면 살이 썩어 들어가는 병인 괴사성 근막염을 일으킵니다.

나쁜 박테리아는 치명적인 질병을 일으켜 인간의 건강을 위협합니다. 우리는 나쁜 박테리아로 인한 질병을 치료하기 위해 항생제를 먹지요. 하지만 잦은 항생제 사용으로 인해 내성이 생긴 슈퍼박테리아는 일반적인 나쁜 박테리아보다 더 두려운 존재입니다. 언젠가는 슈퍼박테리아로 인해 인류 전체가 큰 위기를 맞게 되리라고 예측하는 사람이 점점 늘고 있지요.

인류를 위협하는 슈퍼박테리아

항생제가 없던 시절에는 박테리아 감염 질환으로 수백만 명이 한꺼번에 목숨을 잃는 일이 흔했습니다. 특히 흑사병, 결핵, **한센병**의 유행은 그 시기에 번성했던 인류 문명 전체를 흔들어 놓을 만큼 파문이 큰 사건이었습니다. 14세기에는 유럽 인구의 30~60퍼센트가 불과 2년 만에 몰살당한 듯한 일도 있었습니다. 쥐벼룩이 옮긴 흑사병 때문이었지요. 사실 흑사병균은 그다지 강한 병원균이 아닙니다. 하지만 당시에는 이 박테리아를 퇴치할 항생제가 발명되지 않아 4억 5천만 명에 달하던 유럽 인구가 3억 5천만 명으로 급격히 줄었어요.

이러한 비극은 오늘날에도 벌어지고 있습니다. 전 세계적으로 매년 180만 명 이상이 결핵으로 세상을 떠납니다. 결핵 사망자 중 20퍼센트가 항생제에 내성이 있는 슈퍼박테리아 때문에 목숨을 잃지요. 페니실린이 처음 발명되었을 때 사람들은 항생제만 있으면 나쁜 박테리아를 완전히 박멸할 수 있다고 확신했습니다. 하지만 과학을 지나치게 신봉했던 인류의 예측은 완전히 빗나가고 말았지요.

알아두기

박테리아는 크기가 작아서 배율이 매우 높은 현미경으로만 관찰할 수 있다. 크기가 작기 때문에 겨우 1그램의 흙 속에 약 25억 마리의 박테리아가 살 수 있다. 박테리아는 이렇게 작지만 인간에게서 생명을 빼앗을 수 있는 위협적인 존재이기도 하다. 인간의 생명을 위협하는 대표적인 박테리아 감염 질환 3가지는 결핵, 백일해, 파상풍이다. 그러나 박테리아가 인간에게 해만 끼치는 것은 아니다. 인간은 박테리아를 이용해 치즈나 요구르트와 같은 식품을 제조하기도 한다.

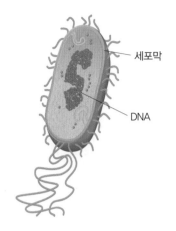

세포막

DNA

박테리아는 지구상에서 개체 수가 가장 많은 생물이다. 하지만 크기가 너무 작아서 배율이 아주 높은 현미경으로만 볼 수 있다.

과학이 해답일까?

슈퍼박테리아는 앞서 살펴본 바와 같이 인간이 의도치 않은 부작용으로 인해 생겨났습니다. 항생제라는 과학의 산물을 무조건적으로 신봉한 인간의 오만함이 슈퍼박테리아의 출현을 부추긴 셈이지요. 슈퍼박테리아의 위협으로 인해 인류는 지금 새로운 도전에 직면해 있어요.

어떤 전문가는 슈퍼박테리아의 위협이 아직 이런 호들갑을 떨 수준이 아니라고 주장하기도 합니다. 현재 슈퍼박테리아 감염이 발견되는 곳은 주로 병원과 같은 집단 시설이며 그 환자의 대부분은 노약자예요. 그렇기 때문에 이들은 항생제 오남용을 줄이고 올바른 항생제 복용법을 지키는 것만으로도 충분히 상황을 호전시킬 수 있다고 주장합니다. 과연 항생제 사용을 줄이는 간단한 대처만으로 이 문제를 해결할 수 있을까요?

어떤 사람들은 더 강력한 항생제를 개발하는 데 문제 해결의 초점을 맞춥니다. 시중에 나와 있는 여러 항생제에 내성을 가지고 있는 박테리아를 처치하려면 새로운 약이 필요하다는 주장이지요. 새로운 항생제의 개발은 소중한 생명을 구하는 한 가지 방법이 될 수 있습니다. 하지만 슈퍼박테리아는 새로운 약에도 금세 적응해 내성을 가질 가능성이 농후합니다. 이러한 상황이 반복되면 어떠한 항생제도 듣지 않는 슈퍼박테리아의 등장으로 인류 전체가 멸종할 가능성도 있습니다. 그렇다면 슈퍼박테리아의 위협으로부터 우리 모두의 건강과 생명을 지키기 위해 우리는 어떤 방법을 선택해야 할까요? 과학이 발전을 거듭하면 언젠가 슈퍼박테리아를 물리칠 초강력 항생 물질이 개발될까요? 이제부터 그 해답을 알아봅시다.

간추려 보기

- 슈퍼박테리아란 아무리 강한 항생제를 사용해도 죽지 않고 살아나는 강한 박테리아를 말한다.
- 슈퍼박테리아가 지금처럼 천하무적이 된 데에는 무엇보다 우리 인간의 잘못이 크다.
- 우리 몸에 사는 박테리아는 대부분의 경우 사람에게 유익하다. 착한 박테리아는 오히려 우리가 병에 걸리지 않도록 보호하는 역할을 한다.

슈퍼박테리아의 전파

깨끗한 식수를 구하기 힘들거나 하수도 시설이 갖춰지지 않은 환경은 박테리아 감염 질환이 전파되기에 더할 나위 없이 좋은 조건이지요. 인도에서 발생한 슈퍼박테리아 역시 그러한 환경에서 발생했습니다. 그런데 어떻게 바다 건너에 사는 외국인이 인도에서 발견되는 박테리아에 감염되었을까요?

페니실린은 1941년에 발명된 뒤 널리 보급되었습니다. 그 덕분에 뇌수막염부터 폐렴에 이르기까지 온갖 무서운 감염 질환이 지구상에서 자취를 감추는 듯했습니다. 인류가 박테리아와의 전쟁에서 승리한 것처럼 보였지요.

항생제 사용과 내성 박테리아

항생제가 보편적으로 사용되고 얼마 지나지 않아 의학계는 박테리아에게 놀라운 능력이 있다는 사실을 깨달았습니다. 그 놀라운 능력이란 박테리아가 스스로 유전 구조를 바꾼다는 것, 즉 변이한다는 것이었지요. 항생제의 등장으로 생존을 위협 받게 된 박테리아는 변이를 거듭했습니다. 박테리아는 어느새 항생제에 거세게 저항할 수 있게 되었지요. 박테리아는 계속해서 강해졌습니다. 그 결과 지금까지의 항생제로는 좀처럼 죽이기 어려운 슈퍼박테리아가 탄생했지요.

일반적으로 항생제를 사용하면 약한 균은 곧바로 죽습니다. 하지만 그중 유전적으로 튼튼한 균이 1천만 분의 1의 확률로 살아남습니다. 이렇게 살아남은 균은 곧 항생제에 적응해요. 항생제에 적응한 균은 슈퍼박테리아가 되어 항생제의 약효를 무시하고 자기 자신을 마구 복제하지요. 놀랍게도 이러한 항생제 내성은 자기 자신만 강하게 만드는 것이 아니라 다른 박테리아에게도 전이됩니다. 조그만 미생물 한 마리가 슈퍼박테리아 군대를 창출할 수 있는 셈이지요.

항생제 남용

아픈 사람을 치료하려면 항생제가 필요합니다. 하지만 전문가들은 인류가 항생제에 지나치게 의존하고 있다고 지적합니다. 1954년 미국 전역에서 생산된 항생제는 약 1백만 킬로그램 정도였지만, 2000년에는 생산량이 무려 2천 3백만 킬로그램으로 증가했습니다.

영국과 같은 **선진국**에서는 의사의 처방전이 있어야만 페니실린 등의 항생제를 구입할 수 있습니다. 반면 인도와 같은 **개발도상국**에서는 약국에서 손쉽게 항생제를 살 수 있지요. 이렇게 의사의 처방전 없이 항생제를 판매하게 되면 항생제 오남용을 규제할 수 없습니다. 처방전 없이

생각해 보기

감기, 인후통, 중이염의 90퍼센트 이상은 박테리아가 아니라 **바이러스** 때문에 생긴다. 바이러스에는 항생제를 써도 효과가 없다. 바이러스에 감염되었을 때는 상태가 자연스럽게 나아질 때까지 참고 기다려야 한다. 반드시 필요한 경우가 아니라면 항생제를 처방하지 말아 달라고 의사에게 요구하는 것은 어떨까?

모든 생명체는 **유전자**를 가지고 있다. DNA 안에 들어 있는 유전자는 우리 몸의, 일종의 설계도이다. 유전자는 우리 몸이 정상적인 신체 기능을 수행하도록 만들며 개인의 특성을 결정하기도 한다. 눈동자 색깔을 결정하는 역할을 하는 것도 바로 유전자다. 사람 몸 안에 존재하는 세포 하나하나에는 약 2만 5천 개에서 3만 5천 개 정도의 유전자가 들어 있다.

박테리아의 경우, 그 종류에 따라 575개에서 5,500개가량의 유전자를 가지고 있다. 그 양은 사람의 유전자보다 훨씬 적지만 생김새와 행동을 지시하는 역할을 수행한다는 점에서 사람의 유전자와 다를 바 없다. 일반적으로 항생제가 약효를 발휘하면 박테리아의 유전자는 자신의 체내에 항복하라는 신호를 보낸다. 보통의 경우에는 이 신호에 따라 박테리아가 힘을 잃는다. 하지만 일부 박테리아의 유전자는 살아남기 위해 변이한다. 이렇게 변이에 성공한 유전자는 항생제에 굴복하지 말고 싸워 이기라는 새로운 지시를 내릴 수 있게 된다.

항생제를 구입할 수 있는 현실은 인류의 건강을 위협하는 큰 문제지요.

그런데 항생제 오남용의 최대 피해자는 사실 사람이 아닙니다. 오늘날 농장과 도축장에서는 항생제가 무분별하게 사용되고 있지요. 축사 내의 돌림병을 예방하기 위해 항생제를 사용하기도 하고 돼지나 소, 닭을 빠르게 성장시키기 위해 사용하기도 합니다. 슈퍼박테리아는 가축에게도 부정적인 영향을 끼칩니다. 과학자들은 슈퍼박테리아가 식재료 속에 숨어 우리의 식탁에 오를 가능성에 주의해야 한다고 경고하지요.

▌항생제는 가축이 병에 걸리지 않게 예방하는 용도로도 사용된다.

전 세계에서 발생한 위협

2010년 여름 미국 전역의 의사들은 치명적인 질병을 일으키는 새로운 박테리아의 정체를 밝혀내지 못해 골머리를 썩이고 있었습니다. 이 새로운 박테리아에는 항생제가 듣지 않았지요. 박테리아 감염으로 사경을 헤매는 환자 중 항생제의 효과를 본 사람은 아무도 없었습니다.

환자들이 감염된 박테리아에는 공통점이 하나 있었습니다. 박테리아 안의 어떤 유전자가 다양한 형태의 다른 박테리아를 슈퍼박테리아로 바꾼다는 점이었지요. 이렇게 슈퍼박테리아로 다시 태어난 개체들은 어떠한 항생제의 공격도 이겨 낼 수 있었습니다. 미국은 물론 호주, 캐나다, 네덜란드, 영국, 일본, 스웨덴에서도 이와 비슷한 사례가 꾸준히 보고되었습니다. 이 위기가 시작된 곳은 다름 아닌 인도였지요. 뉴델리에서 최초로 발견되어 NDM-1이라고 명명된 박테리아가 이 사태의 범인이었어요.

의료 관광

몇몇 국가 내의 빈민가 중에는 아직도 깨끗한 식수를 구하기 힘들거나 하수도 시설이 갖춰지지 않은 곳이 많습니다. 이러한 환경은 박테리아 감염 질환이 전파되기에 더할 나위 없이 좋은 조건이지요. 인도에서 발생한 NDM-1 역시 그러한 환경에서 발생했습니다. 그런데 어떻게 바다 건너 사는 외국인이 인도에서 발견되는 세균에 감염된 걸까요?

당시 NDM-1에 감염되었던 외국인들은 모두 다른 병의 치료를 위해 인도의 병원을 방문했던 적이 있었습니다. 이렇게 영국이나 미국 같은 선진국 사람들이 인도나 파키스탄, 태국 등지로 수술을 받으러 떠나는 여행을 '의료 관광'이라고 합니다. 이들은 비용이 비교적 저렴하다는 장점 때문에 의료 관광길에 오릅니다. 하지만 이러한 의료 관광에는 항생제 내성균 감염의 위험이 항상 도사리고 있습니다. 인도에서 수술을 받은 사람들이 놀라운 전염성으로 악명 높은 NDM-1에 감염된 것도 바로 의료 관광 때문이었지요.

의료 관광은 지속적으로 논란이 되고 있습니다. 어떤 사람에게는 슈퍼박테리아 감염 위험보다 의료 서비스를 받을 수 있는 기회 자체가 더 중요합니다. 정부의 의료 보험 정책이 부실하거나 값비싼 의료비가 부담될 경우 많은 사람들이 치료를 받을 기회조차 박탈당하기 쉽습니다. 이 때 저렴한 비용으로 치료의 기회를 얻을 수 있는 의료 관광이 훌륭한 대안으로 떠오르게 된 것입니다. 의료 관광에 찬성하는 사람은 이러한 구조가 해결되지 않으면 의료 관광을 떠나는 사람이 늘어나는 추세를 막을 수 없다고 말합니다. 또한 개발도상국이라고 해서 언제나 의료 시설이 비위생적이고 낙후된 것은 아니라고 지적하지요.

반면 의료 관광에 반대하는 사람들은 의료 관광이 전 세계로 전염병을 퍼뜨릴 강력한 도구가 되어 결국 인류 전체의 건강을 위협할 가능성이 충분하다고 주장합니다. 의료 관광 때문에 NDM-1과 같은 박테리아가 세계로 퍼져 나가는 속도가 빨라졌다고 주장하지요. 의료 관광에 반대하는 측에서는 의료 관광에 대한 정부의 적절한 규제가 필요하다고 주장합니다. 그러나 의료 관광이 고수익을 올리는 하나의 산업이라는 인식이 생기면서 의료 관광에 대한 규제를 완화하는 국가가 점차 늘고 있는 상황입니다. 최근 한국 정부도 의료 관광을 지금보다 더 활성화하는 정책을 내놓았습니다. 영리 병원 등 외국인 중심 의료 시설을 세우자는 정책도 그러한 정책 중 하나입니다. 한국의 의료 관광 활성화 정책은 내국인에게는 불리한 요인으로 작용할 수 있다는 비판에 직면에 있기도 합니다. 외국인 중심 의료 서비스가 내국인에게는 의료비 상승이나 의료 서비스의 질적 하락과 같은 문제를 가져다 줄 수 있다는 우려가 존재하지요.

우리는 이러한 의료 관광 문제를 어떠한 시각으로 바라보아야 할까요? 무조건 찬성하거나 무조건 반대할 수 있을 만큼 그리 단순한 문제가 아닙니다. 각국 정부가 국민에게 더 저렴하고 위생적인 의료 서비스를 제공하려는 노력을 기울일 때 비로소 이 문제는 해결될 수 있습니다. 언제 어디서 치료를 받든 안전하고 저렴하게 의료 서비스를 누릴 수 있다면 의료 관광을 떠나는 사람은 자연히 술어늘 테니까요.

치명적인 박테리아 NDM-1

현재까지는 NDM-1에 의한 감염 사례가 드문 편입니다. 이 균으로 인
해 사망한 환자는 벨기에 남성 단 한 명뿐이지요. 이 환자는 2010년 8월
교통사고를 당해서 파키스탄의 한 병원에 입원했다가 NDM-1에 감염
되었습니다. 콜리스틴이라는 강력한 항생제를 투여했지만 NDM-1에
는 아무런 효능이 없었지요. 의료진은 환자의 숨이 끊어질 때까지 손 놓
고 바라보는 수밖에 다른 방도가 없었습니다.

NDM-1을 걱정할 필요가 없다고 말하는 사람도 있습니다. 이들은
애초에 감염되지 않도록 개인 위생을 철저히 관리한다면 NDM-1 감염
을 예방할 수 있다고 말합니다. 과잉 반응을 보일 필요가 전혀 없다고
주장하지요.

이들의 주장대로 이 슈퍼박테리아의 전염성은 아직까지 노심초사할 만큼 크지는 않습니다. 한국에서도 NDM-1 감염 환자가 발생했지만 아직 공식적인 사망자는 없었어요. 개인 위생에 철저히 신경 쓰고 조심한다면 NDM-1 감염과 같은 질환으로 인해 사망할 확률은 극히 적습니다.

하지만 슈퍼박테리아 감염의 위험성을 소홀히 여겨서는 안 됩니다. 많은 사람들이 NDM-1과 같은 슈퍼박테리아를 새로운 전염병 창궐을 암시하는 신호로 인식하고 대비해야 한다고 주장하지요. 지금처럼 치료제에 무조건 기대는 문화가 바뀌지 않는 한 언젠가 슈퍼박테리아가 인류 전체의 건강과 생명에 치명적인 타격을 가하게 될 것이라고 말하는 사람이 점점 늘고 있습니다.

과학자들은 페트리 접시를 이용해서 박테리아를 연구한다. 이를 통해 NDM-1과 같은 박테리아가 어떻게 항생제 내성균으로 변이했는지 조사할 수 있다.

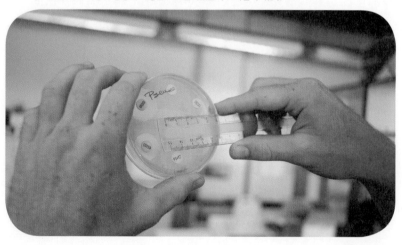

살을 파먹는 박테리아의 공포

보 솔즈베리는 미국 캘리포니아 주에서 우체국장으로 일하는 평범한 60세 남성이었습니다. 매주 토요일 오후 교회 아이들과 축구를 하며 시간을 보내는 자상한 사람이었지요. 1998년 5월 9일은 평소와 다름없이 평화로운 토요일이었습니다. 솔즈베리는 감기 기운이 있었지만 수비수로서 열심히 축구장을 누볐고 상대 선수의 슛을 훌륭하게 막아냈습니다. 하지만 경기 도중 한 소년의 축구화에 찍혀 발목에 상처를 입었지요. 상처 부위가 따끔거렸기 때문에 솔즈베리는 절뚝거리면서 경기장을 나와야 했습니다. 그런데 몇 시간이 지나도 통증이 잦아들지 않았습니다. 솔즈베리는 통증을 없애기 위해 아스피린을 먹었습니다. 하지만 시간이 흐를수록 발목 통증은 참을 수 없을 만큼 심각해졌지요.

솔즈베리는 응급실로 가서 의사에게 진료를 받았습니다. 의사는 대수롭지 않은 상처라면서 진통제만 쥐어 주고 솔즈베리를 집으로 돌려보냈어요. 다음 날 오후가 되자 솔즈베리의 발목은 빨갛게 부어올랐습니다. 진땀을 흘렸고 극심한 통증을 느꼈지요. 상태는 점점 심해져서 나중에는 구토 증세까지 보였어요. 증상은 계속 나빠졌습니다. 혈압이 곤두박질치고 내장 기관이 망가졌지요. 그는 죽어 가고 있었어요.

한참이 지난 뒤에야 치명적인 박테리아가 발목 상처를 통해 솔즈베리의 몸에 침투했다는 사실이 밝혀졌습니다. 병명은 괴사성 근막염이었어요. 당시에는 전문의조차도 이 병에 대해 아는 것이 없었지요. 현재 괴사성 근막염을 일으키는 박테리아는 '살을 파먹는 박테리아'라는 무시무시한 별명으로 불립니다.

괴사성 근막염

괴사성 근막염은 매우 희귀한 질병입니다. 하지만 일단 이 병에 걸리면 사망할 확률이 높습니다. 매년 500명에서 1,500명에 달하는 사람이 이 병에 걸리는데 그중 30퍼센트가량이 목숨을 잃습니다. 그 때문에 괴사성 근막염은 세상에서 가장 무서운 감염 질환으로 알려져 있습니다. 괴사성 근막염을 일으키는 박테리아는 다른 박테리아와 달리 면역력이 약한 사람만을 목표로 삼지 않습니다. 누구든 이 무시무시한 박테리아에 감염될 가능성이 있다는 뜻이지요.

괴사성 근막염을 일으키는 박테리아의 종류는 여러 가지입니다. 솔즈베리의 경우에는 화농연쇄상구균이 원인균이었습니다. 이 균은 인두염이나 농가진 같은 다른 질병을 일으키기도 하지요. 2008년에는 벤 포글이라는 영국의 유명 방송인도 이와 비슷한 박테리아에 감염되었습니다. 다행히 벤의 경우에는 항생제가 효과를 발휘했습니다.

▌ 괴사성 근막염에 걸리면 피부 연조직이 파괴된다.

생각해 보면 솔즈베리는 좀 특이한 경우였습니다. 그는 건강했고 겉보기에도 멀쩡했는데 하루아침에 죽음 문턱 앞에 서 있었지요. 의사가 솔즈베리의 다리를 처음 진료했을 때는 피부가 청회색으로 변해 있었습니다. 의사는 솔즈베리의 다리를 보고 응고된 핏덩어리가 혈액 순환을 막는 바람에 다리가 썩어 들어가는 것이라고 생각했어요.

괴사성 근막염을 일으키는 연쇄상구균

정밀 검사를 마친 뒤에야 솔즈베리가 연쇄상구균에 감염되었다는 사실이 드러났습니다. 연쇄상구균은 근막을 파괴하는 독소를 분비하는 박테리아지요. 연쇄상구균이 뿜어내는 독소가 솔즈베리의 다리 전체에 퍼졌고, 폐와 심장에까지 영향을 주었어요. 독소는 솔즈베리의 몸을 타고 올라가면서 빠른 속도로 근조직을 파괴했습니다. 그의 진료를 담당했던 병원 의사는 이렇게 말했습니다. "이 녀석은 이동 속도가 빠릅니다. 72시간이 지나면 당신이 박테리아를 끝장내든지, 박테리아가 당신을 끝장내든지 둘 중 하나로 결판이 날 겁니다."

대부분의 병원균은 사람 몸 밖에만 존재합니다. 하지만 괴사성 근막염을 일으키는 박테리아는 여기에 해당되지 않지요. 전체 인구 중 15퍼센트에서 30퍼센트가 이 균의 보균자지만 아무런 증상이 없기 때문에 자신이 보균자라는 사실을 모르는 채로 삽니다. 하지만 베거나 멍든 상처가 있는 사람이 다른 보균자와 접촉하면 이야기가 달라집니다. 보균자가 가지고 있던 박테리아가 상처를 통해 옮아갈 수 있지요.

괴사성 근막염이 무서운 진짜 이유는 피부 연조직을 망가뜨린 병원균이 혈액을 통해 전파되어 다른 장기까지 망가뜨리기 때문입니다. 솔즈베리는 자신의 상태가 좋지 않다는 사실을 본능적으로 알아차렸습니다. 박테리아가 살을 파먹으면서 다리를 타고 올라오는 것이 눈에 보였기 때문이었지요. 그는 정신을 잃었다가 되찾기를 반복하면서 마지막을 준비했어요. 중학생 딸에게는 기말고사에 열심히 대비하라고 했지요. 울지 말라고 가족을 다독이기도 했습니다. 솔즈베리는 더는 할 수 있는 일이 없다고 생각했어요.

그러나 솔즈베리의 예상과 달리 아직 희망이 있었습니다. 항생제는 소용이 없었지만 병원 측에서 마지막 희망을 걸고 수술을 하기로 결정했지요. 솔즈베리는 병원에 실려 온 지 두 시간 만에 손상된 다리 피부를 제거하는 수술을 받게 되었습니다. 발가락 끝부터 골반까지 박테리아가 파먹은 부분을 모두 긁어내는 대수술이었습니다.

보 솔즈베리는 위장과 오른쪽 다리에서 정상 피부를 떼어내 손상된 왼쪽 다리에 이식해야 했다.

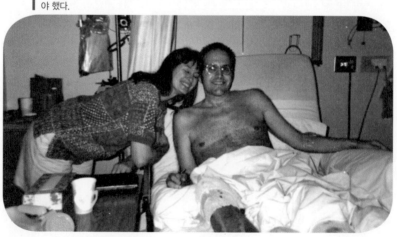

괴사성 근막염을 일으키는 병원균은 작은 생채기나 멍든 상처를 통해서 체내에 침투한다. 드물지만 종이에 베거나, 스테이플러에 찍히거나, 바늘에 찔려서 괴사성 근막염에 걸리는 경우도 있다.

전체 인구의 15퍼센트에서 30퍼센트는 체내에 괴사성 근막염 원인균 중 하나인 A군 연쇄상구균을 가지고 있다. 하지만 대부분은 아무런 증상이 없어서 보균 사실 자체를 모르며, 괴사성 근막염이 아니라 인두염처럼 작은 병을 앓고 지나간다.

괴사성 근막염을 막을 방법은 많지 않다. 청결한 환경을 유지하고 손을 잘 씻음으로써 감염 확률을 낮출 수는 있다. 그렇지만 괴사성 근막염이 워낙 드문 질환이기 때문에 보균자와 매일 마주치더라도 그리 위험하지는 않다. 실제로 괴사성 근막염에 걸리는 사람은 세계적으로 매년 500명에 불과하다.

놀랍게도 수술은 효과적이었어요. 솔즈베리는 박테리아를 물리치고 살아났습니다. 다리를 절단하지 않고도 다시 건강을 되찾았지요. 물론 치료 과정은 험난했습니다. 수술로 제거한 감염 부위에 새 피부를 이식해야 했고, 이를 위해 다른 부위의 멀쩡한 피부를 벗겨 내야 했어요. 최근 솔즈베리는 하루에 5킬로미터를 달리는 습관을 붙였습니다. 5킬로미터 마라톤에 참가한 적도 있지요. 담당 의사는 솔즈베리가 무사히 살아날 수 있었던 이유가 의료진의 팀워크와 환자 본인의 행운 덕분이라고 말했습니다. 의사는 이런 말을 덧붙였지요. "한 시간만 늦었어도 그는 살아날 수 없었을 겁니다."

슈퍼박테리아의 전파를 막으려면

앞의 사례에서 볼 수 있듯 괴사성 근막염과 같은 슈퍼박테리아 감염 질환은 순식간에 생명을 위독하게 만드는 치명적인 질병입니다. 작은 상처에서 시작된 염증이 혈액을 부패하게 만들고, 이러한 혈액이 폐와 간 같은 내장 기관에 심각한 염증을 일으켜 사망에 이르게 할 수 있지요. 더구나 괴사성 근막염은 다른 슈퍼박테리아 질환과 달리 건강한 사람에게도 발생할 수 있습니다. 앞서 살펴본 솔즈베리의 사례처럼 말입니다.

하지만 슈퍼박테리아는 보통 몸이 약한 노약자나 환자에게서 주로 발병합니다. 이들은 건강한 사람에 비해 면역력이 떨어지기 때문에 슈퍼박테리아에게는 좋은 표적입니다. 특히 체력이 약한 사람이 집단으로 모일 수밖에 없는 병원이나 요양원의 경우 더욱 주의를 기울일 필요가 있지요. 슈퍼박테리아의 전파를 효과적으로 막기 위해서는 집단 시설의 위생 관리를 철저히 하는 것이 무엇보다 중요합니다. 또한 집단 의료 시설을 이용할 때는 환자 스스로 해당 시설의 위생 실태를 철저히 검토해 보아야 합니다. 환자에게 너무 많은 항생제를 처방하는 의료 시설은 아닌지 꼼꼼히 확인해 볼 필요가 있지요.

간추려 보기

- 항생제를 자주 사용하면 박테리아가 항생제에 내성을 갖게 된다. 약한 박테리아는 항생제로 제거되지만 유전적으로 튼튼한 박테리아는 1천만 분의 1의 확률로 살아남는다. 이렇게 살아남은 균은 곧 항생제에 적응한다. 항생제에 적응한 균은 슈퍼박테리아가 되어 항생제의 약효를 무시하고 자기 자신을 마구 복제한다.
- 영국과 같은 선진국에서는 의사의 처방전이 있어야만 페니실린 등의 항생제를 사용할 수 있다. 반면 인도와 같은 개발도상국에서는 약국에서 손쉽게 항생제를 살 수 있다.

항생제의
탄생과 발달

1943년부터 페니실린이 대량생산되기 시작했고 그 덕분에 많은 사람이 목숨을 구했습니다. 하지만 불과 2년 뒤인 1945년에 플레밍은 페니실린 남용이 재앙을 초래할 것이라고 경고했습니다. 페니실린이 듣지 않는 변종 박테리아의 탄생을 예상했기 때문이었습니다. 플레밍의 불길한 예상은 적중했어요. 1961년 영국의 한 병원에서 MRSA가 최초로 발견되었지요.

1941년, 한 소년이 자전거를 타다가 넘어져 다리가 부러졌습니다. 응급 처치를 했지만 이미 나쁜 박테리아가 다리에 난 상처를 통해 몸 안에 들어온 상태였어요. 열이 40도까지 치솟았고 소년은 얼마 지나지 않아 혼수상태에 빠지고 말았지요.

이 시절에는 작은 상처 하나 때문에 목숨을 잃는 어린 친구들이 허다했습니다. 무거운 마음으로 소년을 지켜보던 의료진은 결국 새로운 약을 사용해 보기로 결심했지요. 이들은 소년의 혈관에 몇 시간 간격으로 그 새로운 약을 주사했어요. 그러자 며칠 뒤 소년은 언제 아팠느냐는 듯이 기력을 회복했지요.

기적의 약

사람들은 이 신약이 '기적의 약'이라며 환호했습니다. 하지만 '기적의 약'보다는 '과학의 승리'라고 표현하는 편이 더 정확합니다. 이 약은 바로 세계 최초의 항생제인 페니실린이었습니다.

오늘날 우리는 항생제가 없는 삶을 상상조차 할 수 없습니다. 과거에는 목감기 같은 작은 병으로도 아이들이 생명을 잃는 일이 흔했습니다.

맹장염도 죽을병이었지요. 전쟁터에서는 부상 부위에 염증이 생겨 목숨을 잃는 병사들이 부지기수였습니다.

항생제는 우리 몸을 공격하는 나쁜 박테리아를 효과적으로 물리칩니다. 항생제는 대개 **곰팡이**나 박테리아 같은 미생물을 이용해 만들지요. 미생물은 박테리아에 감염되면 자기 몸을 방어하기 위해 스스로 항생 물질을 만들어 냅니다. 이 항생 물질을 이용해 만들어 낸 것이 바로 항생제입니다. 이렇게 자연에서 얻을 수 있는 항생제도 있지만 과학자들이 실험실에서 합성해 낸 항생제도 있습니다. 천연 항생제든 합성 항생제든 제대로만 사용한다면 자연적인 체내 면역계를 도와서 나쁜 박테리아를 꼼짝 못하게 만들 수 있지요.

항생제의 종류가 다양한 만큼 항생제가 박테리아를 죽이는 방식도 여러 가지입니다. 어떤 항생제는 박테리아의 세포벽을 녹여서 세포를 흐물흐물하게 만들어 죽입니다. 어떤 항생제는 박테리아 안으로 들어가 DNA를 파괴합니다. 그렇게 되면 증식에 필요한 중요 단백질이 만들어지지 않아서 박테리아의 개체 수가 불어날 수 없지요. 이렇게 항생제가 박테리아를 약화시킨 뒤에는 우리 몸의 면역계가 아팠던 사람이 차츰 건강을 되찾게 하지요.

사례탐구 페니실린의 탄생

의학의 꾸준한 발전 덕분에 감염 질환을 일으키는 박테리아를 둘러싼 비밀이 20세기 초에 거의 다 밝혀졌다. 박테리아라는 미생물이 병을 일으킬 수 있다는 것은 과학계에서 이미 널리 알려진 사실이었다. 하지만 박테리아 감염을 막을 방법을 아는 사람은 아무도 없었다. 그러던 중 스코틀랜드 출신 과학자 알렉산더 플레밍의 우연한 발견이 계기가 되어 박테리아로부터 수백만 명의 생명을 구하는 일이 가능해졌다.

플레밍은 제1차 세계 대전을 겪으면서 박테리아 감염의 공포를 몸소 체험한 인물이었다. 당시에는 전쟁터에서 얻은 작은 상처만으로도 목숨을 잃는 일이 흔했다. 수많은 병사가 박테리아 감염 때문에 유명을 달리했다. 플레밍은 박테리아를 박멸할 새로운 약을 개발하기 위해 온 힘을 쏟아 부었지만 수년째 아무런 성과가 없었다.

플레밍은 신약 개발을 위해 둥글납작한 페트리 접시에 박테리아를 길렀다. 1928년 어느 날 밤 플레밍은 박테리아가 자라고 있는 페트리 접시를 뚜껑을 닫지 않은 채로 창가에 놓아두는 실수를 저질렀다. 며칠 뒤 플레밍은 이 페트리 접시에서 이상한 점을 발견했다. 페트리 접시 위에 동그랗게 뻥 뚫린 무늬가 생겨난 것이었다. 공기 중을 떠돌던 곰팡이 **포자**가 열린 창문을 통해 페트리 접시 위에 내려앉았고, 그로 인해 박테리아가 죽은 것이라고 플레밍은 결론지었다. 놀라운 일이었다. 검은 곰팡이와 비슷한 종류의 페니실리움 노타툼(*Penicillium notatum*)이라는 이 곰팡이는 훗날 페니실린 제조에 사용된다. 바로 이렇게 세계 최초의 항생제는 우연히 탄생한 것이다.

▌플레밍의 우연한 발견이 수백만 명의 목숨을 살렸다.

박테리아의 반격

1943년에 이르자 페니실린이 대량 생산되기 시작했고 그 덕분에 많은 사람이 목숨을 구했습니다. 하지만 불과 2년 뒤인 1945년에 플레밍은 페니실린 남용이 새로운 재앙을 초래할 거라고 경고했습니다. 페니실린이 듣지 않는 변종 박테리아의 탄생을 예상했기 때문이었습니다.

박테리아는 믿기지 않을 정도로 빠르게 증식합니다. 세균 한 마리가 하룻밤 사이에 수십억 마리로 불어나기도 하지요. 이 수십억 마리의 박테리아가 항생제에 노출되면 그중 1천만 분의 1 확률로 살아남은 박테리아에게 DNA 변이가 일어납니다. 이렇게 DNA 변이가 일어난 박테리아 중 일부는 항생제에 저항하는 내성을 갖게 되지요. 전문가들은 특정한 종류의 항생제에 대한 내성을 획득한 균이 다른 항생제의 공격도 쉽게 막아낸다는 점을 특히 우려하고 있습니다.

플레밍의 불길한 예상은 적중했습니다. 1961년 영국의 한 병원에서 MRSA가 최초로 발견되었지요. 페니실린을 대체하기 위한 메티실린이 도입된 지 불과 1년만이었습니다. 그 뒤 1967년에는 페니실린에 내성이 있는 폐렴 균주가 뉴기니에서 발견되었지요. 1992년 미국에서는 그때까지 연구된 박테리아 중 약 5퍼센트가 페니실린에 내성이 있다고 발표되었습니다.

현재 한 종류 이상의 항생제에 내성이 있는 박테리아는 전체 박테리아 가운데 약 70퍼센트에 달할 것으로 추정됩니다. 항생제 사용량이 증가하면서 박테리아도 그만큼 강해졌기 때문이지요. 항생제에 많이 노출될수록 평범한 박테리아가 더 쉽게 슈퍼박테리아로 변이한다는 사실을 잊지 말아야 합니다.

슈퍼박테리아가 생존하는 방식

슈퍼박테리아는 도대체 어떻게 힘을 키우는 걸까요? 박테리아가 무서운 병원균으로 변하는 방식은 크게 세 가지로 분류됩니다.

첫째, 박테리아는 개체수를 늘리는 방식으로 자신을 강화합니다. 박테리아는 엄청난 속도로 증식하기 때문에 진화 역시 빠르게 일어나지요. 현재까지 과학자들이 밝혀낸 박테리아의 종류는 약 2천 종에 이릅니다. 박테리아는 진화 속도가 매우 빨라서 과학자들이 미처 밝혀내지 못한 종도 약 2천 종에 달할 것으로 추정하고 있습니다. 박테리아가 개체수를 두 배로 증식시키는 데 걸리는 시간은 불과 20분 정도 입니다. 사람의 경우 인구가 두 배 증가하려면 무려 20년이 걸리지요.

둘째, 박테리아는 변이를 통해 자연에 적응할 힘을 얻습니다. 박테리아는 지구에서 35억 년 동안이나 살아왔습니다. 박테리아가 멸종되지 않은 것은 자연의 섭리 덕분이라고 말할 수 있어요. 박테리아에게는 자신의 유전 물질을 변화시켜 적을 물리치는 능력이 있습니다. 과학자들은 박테리아를 죽이기 위해 사용하는 항생제가 실제로는 박테리아의 돌연변이를 촉진한 다고 생각합니다. 박테리아는 항생제의 공격을 받을수록 살아남기 위해 더 자주 변이를 일으킵니다. 변이가 일어나면 박테리아는 살아남고 새로운 유 전자가 신속하게 퍼지지요.

이러한 돌연변이는 다양한 형태로 일어납니다. 어떤 박테리아는 표면을 딱딱하게 만들어 항생제가 체내로 들어오지 못하게 합니다. 어떤 박테리아 는 항생제를 분해하거나 불활성화하는 효소를 만들어 내지요. 또 어떤 박테 리아는 박테리아의 피부라고 할 수 있는 세포막에 펌프를 만들어서 체내로 들어오려는 항생제를 퍼냅니다. 항생제가 침투할 겨를도 없이 빠른 속도로 퍼내기 때문에 박테리아는 항생제의 영향을 전혀 받지 않지요.

셋째, 박테리아는 유전자 교환을 통해 자신의 종을 강화합니다. 박테 리아는 자기가 가진 항생제 내성 유전자를 다른 종의 박테리아에게 전달 할 수 있지요. 다양한 전달 방법이 있지만 **플라스미드**(Plasmid)라는 짧은 DNA 조각을 통해 유전자를 전달했을 때 가장 강력한 항생제 내성이 생 긴다고 합니다. 박테리아는 서로 종류가 달라도 플라스미드를 통해 항생 제 내성 유전자를 전달할 수 있습니다. 플라스미드 하나가 여러 개의 내성 유전자를 동시에 운반하기도 하지요. 1968년, 과테말라에서 1만 2천여 명 이 전염성 설사로 사망한 일이 있었습니다. 이 설사의 원인균에서 발견된 플라스미드는 무려 네 가지 항생제에 대한 내성을 가지고 있었어요.

박테리아의 종류

대장균(E. Coli) 대장균에는 다양한 종류가 있다. 또한 대부분의 대장균은 인간에게 무해하다. 여러 종류의 대장균 중 몇 가지 종만이 인체 내에서 감염 질환을 일으킨다. 대장균은 보통 가축의 대변에서 발견된다. 대장균에 감염되어 사망하는 어린이는 전 세계적으로 매년 천만 명이 넘는다.

결핵균(Tuberculosis) 결핵균은 수백 년 동안 인류를 괴롭혀 왔다. 한때 결핵균의 영향력이 약해지는가 싶더니 최근 신종 항생제 내성균이 출현하는 바람에 해마다 180만 명이 결핵으로 사망하고 있다. 결핵균으로 인한 피해는 대부분의 경우 개발도상국에서 발생한다.

연쇄상구균(Streptococcus) 연쇄상구균은 폐렴과 세균성 뇌수막염을 일으키며 매해 약 17만 5천 명의 생명을 앗아가는 무서운 병원균이다. 연간 100만 명의 어린이가 연쇄상구균 때문에 사망하는 것으로 파악된다.

포도상구균(Staphylococcus) 포도상구균은 사람의 피부에 소량 존재하는 균이다. 예전에는 이 박테리아에 감염되어도 항생제를 사용하면 대부분 완치되었다. 하지만 요즘에는 항생제 내성을 가진 개체가 늘어나는 추세다.

살모넬라(Salmonella) 살모넬라는 식중독균이다. 이 박테리아는 동물의 위장에 살기 때문에 우리가 먹는 고기나 달걀, 우유에서 흔히 발견된다. 또한 흙이나 물에 섞여 있던 동물 배설물을 통해 채소, 과일, 해산물로 옮겨가기도 한다.

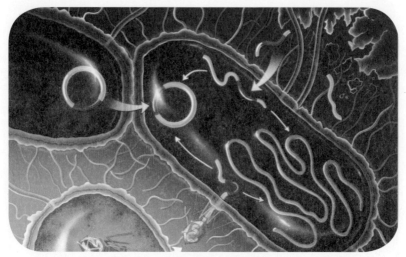

박테리아는 다양한 방법으로 항생제를 물리칠 수단을 마련한다. 박테리아끼리 항생제 내성 유전자를 주고받는 것도 그 방법 중 하나다. 박테리아의 종류가 서로 달라도 이런 교류가 가능하다.

항생제가 착한 균도 죽일까?

모든 박테리아가 인체에 해롭지는 않습니다. 마찬가지로 항생제도 늘 바람직한 효과만 내지는 않지요. 사람의 몸 안에는 수없이 많은 유익한 박테리아가 살고 있습니다. 피부에도, 코와 입 속에도, 위장 안에도 이러한 박테리아가 존재합니다. 착한 박테리아는 우리 몸 안에서 여러 가지 일을 합니다. 이를테면 위장에 사는 박테리아는 소화를 돕지요. 감염 질환이 발병하지 않도록 위험한 박테리아를 막아내는 것도 착한 박테리아가 맡은 중요한 임무예요.

항생제는 박테리아 사냥꾼과 같습니다. 체내에 있는 박테리아를 찾아내 죽이니까요. 그런데 항생제가 나쁜 박테리아만 선별해 공격하지는 않습니다. 항생제가 위장이나 혈관을 통해 사람 몸속에 들어가면 나쁜 박테리아에 맞서 싸우는 착한 박테리아까지 죽이기도 하지요. 나쁜 박테리아는 그 기회를 틈타 기하급수적으로 증식합니다.

또한 항생제는 음식 소화를 돕거나 비타민 K와 비타민 B를 합성하는 박테리아를 죽이기도 합니다. 그래서 의사가 환자에게 항생제를 처방할 때 요구르트를 많이 먹고 유산균을 보충하라고 권하는 일이 흔합니다. 하지만 착한 박테리아를 보호하는 가장 좋은 방법은 꼭 필요할 때만 항생제를 사용하는 것이지요.

전문가 의견

변이된 내성 슈퍼박테리아의 일종인 MRSA는 매년 영국에서 만 명의 사람을 사망에 이르게 한다.

– 조지 갤러웨이 영국의 정치인

간추려 보기

- 동식물이 박테리아에 감염되면 자신의 몸을 방어하기 위해 스스로 항생 물질을 만들어낸다. 항생제는 이러한 항생 물질을 이용해 만든다.
- 한 종류 이상의 항생제에 저항하는 박테리아는 전체 박테리아의 70퍼센트에 달하는 것으로 추측된다. 이는 항생제 사용량이 증가하면서 박테리아도 그만큼 강해졌기 때문이다.
- 항생제가 위장이나 혈관을 통해 사람 몸속에 들어가면 유해한 박테리아에 맞서 싸우는 착한 박테리아까지 죽이기도 한다. 인체에 유해한 박테리아는 그 기회를 틈타 기하급수적으로 증식한다.

4

CHAPTER

항생제 오남용의
문제점

항생제는 박테리아를 박멸하는 데 탁월한 효과를 발휘합니다. 하지만 문제는 감기처
럼 흔한 질병의 주범은 박테리아가 아니라는 데 있습니다. 박테리아와 비슷한 바이러
스라는 미생물이 범인이지요. 하지만 박테리아 감염인지 확인해 보지도 않고 항생제
를 처방하는 의사가 너무 많습니다. 가벼운 병에 지나치게 강한 항생제를 쓰는 일도
증가하고 있어요. 왜 이런 일이 벌어질까요?

우리가 사는 이 세상은 이미 항생제에 중독되었습니다. 목감기부터 위경련까지 대부분의 질병에 이 기적의 약을 사용하지요. 현재 항생제 처방 건수는 연간 2억 건에 육박합니다. 게다가 개발도상국에서는 의사의 처방전 없이도 항생제를 살 수 있어요. 몽골에서는 호흡기 감염에 걸린 아이들의 40퍼센트 이상이 처방전 없이 항생제를 구해서 복용합니다. 문제는 이 호흡기 감염에 항생제가 전혀 소용 없다는 점입니다.

항생제 남용의 원인

항생제를 현명하게 사용하면 다양한 질환을 효과적으로 치료할 수 있습니다. 그러나 항생제 남용은 오히려 악순환을 초래할 수 있어요. 대부분의 사람들은 아목시실린(Amoxicillin)과 같은 항생제가 호흡기 감염질환에 특효라고 생각합니다. 하지만 이 질환을 일으키는 원인은 박테리아가 아니라 바이러스입니다. 항생제는 바이러스 퇴치에 효과가 전혀 없어요. 환자가 낫는 것은 단지 시간이 지나면서 바이러스로 인한 병이 자연적으로 약해지기 때문입니다. 그러나 많은 사람이 이러한 진실을 외면하지요.

항생제를 남용하는 원인은 여러 가지입니다. 우선 처방전이 없어도 약을 살 수 있는 개발도상국에서는 약사가 매출을 높이기 위해 항생제를 쉽게 내주지요. 제약 업계는 환자에게 항생제가 필요하든 그렇지 않든 오로지 판매에만 열을 올립니다. 엄마들은 아이가 아프면 아이를 빨리 낫게 하려고 어떠한 약이든 쓰려고 듭니다. 잘못 사용해도 큰 부작용이 없다는 항생제의 특징도 남용을 부추기는 요인이예요.

남발되는 항생제 처방전

항생제를 자주 사용할수록 박테리아가 내성균으로 변이할 확률이 높아집니다. 같은 박테리아에 감염되더라도 몇년 전에는 금세 나았던 사람이 지금은 사경을 헤매게 될 수도 있지요.

아침에 눈을 떴는데 콧물이 흐르고 목이 따끔거렸던 경험이 있지요? 머리가 지끈거려 똑바로 서 있기조차 힘들 정도로 몸이 좋지 않았던 적도, 지독한 감기에 걸려서 집에서 쉬어본 일도 있을 거예요. 그럴 때 병원에 가면 의사가 항생제를 처방해 주었을지도 모릅니다. 하지만 다음번에 감기에 걸려 병원에 갈 일이 생기면 의사에게 이렇게 물어보세요. "항생제가 정말 필요한가요?" "항생제를 꼭 먹어야 감기가 나을까요?" 대부분의 감기에는 항생제가 필요 없고, 항생제를 먹지 않아도 저절로 낫는 경우가 많아요.

항생제는 박테리아를 박멸하는 데 탁월한 효과를 발휘합니다. 하지만 문제는 감기처럼 흔한 질병의 주범이 박테리아가 아니라는 점입니

일반적인 감기에 걸렸을 때는 항생제가 소용없다. 항생제는 박테리아에만 작용하는데 대부분 감기의 원인은 박테리아가 아니라 바이러스기 때문이다.

다. 진짜 범인은 박테리아와 비슷한 바이러스라는 미생물이지요.

바이러스는 동물이나 사람의 건강한 세포 내에서 자기 자신을 복제하고 병을 일으킨다는 점에서 박테리아와 비슷합니다. 기관지염, 감기, 후두염, 급성 폐쇄성 후두염은 대부분 바이러스 때문에 발병하지요. 바이러스에는 항생제가 듣지 않습니다. 바이러스가 체내에서 완전히 없어지려면 길게는 3주가 걸려요. 항생제를 먹는다고 해서 치유 속도가 빨라지지는 않습니다. 그런데도 항생제를 사용하고 심지어 과용까지 한다면 슈퍼박테리아의 탄생을 조장하는 꼴밖에 되지 않아요. 불필요한 항생제를 복용하면 강력한 내성을 지닌 슈퍼박테리아가 생겨나기 쉬우니까요.

항생제의 75퍼센트가 호흡기 감염이나 폐 감염 치료에 사용됩니다. 하지만 폐렴을 제외한 대부분의 폐질환은 바이러스가 원인이에요. 항생제로는 치료할 수 없는 병이라는 뜻이지요. 그런데 왜 의사는 필요도 없는 약을 처방할까요? 대부분의 의사는 환자가 항생제 처방을 원하기 때문이라고 말합니다. 아픈 자녀와 함께 병원을 찾는 부모는 더 빠른 효과를 지닌 약을 요구하기 마련이지요. 의사 입장에서는 항생제 남용이 나쁜 이유를 설명하느라 시간을 허비하기보다는 항생제를 처방해 주는 편이 훨씬 수월합니다. 하지만 바이러스 감염에 항생제가 필요치 않다는 사실은 의료계 종사자라면 누구나 알고 있지요.

현재 전 세계 항생제 생산량의 약 3분의 2가 처방전 없이 판매됩니다. 이렇게 처방전 없이 판매된 항생제는 부적절하게 사용되기도 합니다. 결핵, 말라리아, 폐렴처럼 위중한 질병부터 중이염처럼 흔한 소아 질환에 이르기까지 널리 이용되기 때문에 더 심각한 문제지요.

알아두기

바이러스는 박테리아보다 10배에서 100배 정도 더 작다. 바이러스를 평균 성인 남성에 비유한다면 박테리아는 공룡쯤에 해당된다고 보면 된다. 박테리아와 바이러스는 모두 유전물질, 즉 DNA가 있다. 그런데 박테리아는 DNA뿐만 아니라 세포벽이나 단백질 등을 가지고 있어 독립적으로 살아갈 수 있고, RNA와 DNA가 주요 내용물인 바이러스는 혼자서는 살아갈 수 없다. 반드시 숙주가 필요하다. 항생제는 박테리아를 죽이지만 바이러스에게는 효과가 없다. 그렇기 때문에 인두염과 같은 박테리아 감염질환에 걸렸다면 항생제가 필요하지만 감기와 같은 바이러스 감염질환에 걸렸다면 항생제는 소용없다.

항생제는 특히 아프리카와 중남미, 중국과 인도 같은 나라에서 불티나게 판매되고 있습니다. 세계 보건 기구(WHO, World Health Organization)는 전 세계 항생제 사용량의 절반 이상이 잘못 처방되거나 잘못 판매된 경우라고 지적합니다. 올바른 항생제 사용법을 모르는 사람도 전체 환자의 절반이나 된다고 해요.

항생제 사용 전 확인해야 할 다섯 가지 항목

우리는 불편한 증상이 있으면 약국이나 병원을 찾습니다. 그곳에서 우리는 쉽게 우리가 원하는 약을 손에 넣을 수 있지요. 우리가 무심코 복용하는 이러한 약 중에는 항생제가 포함된 경우가 많아요. 하지만 항생제는 박테리아를 제거하는 효과가 있을 뿐, 바이러스에는 효과가 없습니다. 잘못된 항생제 사용으로 약효도 보지 못하고 박테리아의 항생제 내성만 부추기는 셈이지요. 우리는 언제 항생제를 복용해야 할까요? 의사들은 보통 다음 몇 가지 사항을 확인해 봅니다.

- 발열: 몸에 열이 나고 오한이 느껴지면 박테리아 감염 질환일 가능성이 높습니다. 하지만 감기와 같은 바이러스 질환에 감염되어도 비슷한 증상이 나타나기 때문에 주의해야 하지요. 학교에 독감이 유행하고 있다면 항생제가 아니라 항바이러스제를 써야 합니다.

- 지속적인 증상: 바이러스는 몇 주 동안 환자의 체내에 머무르면서 박테리아 감염을 유발해 큰 문제를 일으키기도 합니다. 환자의 증상이 2주에서 3주 이내에 사라지지 않으면 대부분의 의사는 다른 병원균에 추가로 감염되지 않도록 예방 차원에서 항생제를 처방하지요.

- 콧물의 색깔: 바이러스에 감염되었을 때는 보통 콧물이 맑고 투명합니다. 반면 콧물이 누렇고 짙다면 박테리아가 범인일 가능성이 높아요. 하지만 누런 콧물이 나오게 하는 바이러스도 있으므로 주의해야 해요.

- 목의 염증: 진찰을 받을 때 목 안에서 흰색 반점이 관찰된다면 인두염과 같은 박테리아 감염을 의심해 볼 수 있습니다. 감기는 보통 목이 따끔거리는 것으로 시작해서 콧물과 같은 추가 증상이 진행되지요. 하지만 목이 아픈 것 말고 특별한 증상이 없다면 인두염이라는 증거이므로 항생제를 사용해야 합니다.

- 검체 분석: 항생제가 필요한 질병인지 정확하게 확인할 방법은 배양 검사밖에 없습니다. 배양 검사란 기침을 해서 뱉어낸 가래나 코를 풀 때 나온 점액, 면봉으로 채취한 검체를 실험실에서 분석하는 방법이지요. 검체에 들어 있는 균을 배양해 분석하는 데는 하루나 이틀 정도의 시간이 소요됩니다. 그래서 시간과 비용을 절약하기 위해 증상만 보고 항생제 처방을 내리는 의사가 많습니다. 위험하고 정확도가 떨어지는 일인데도 말이지요.

사례탐구 폐렴구균

1999년 당시 2살이었던 돌턴 캔터베리는 감기와 흡사한 증상을 보였다. 병원에서도 아기의 상태가 더는 심해지지 않을 거라고 보았다. 하지만 돌턴의 엄마가 낮잠을 자던 아기를 깨워야 했을 때는 이미 무엇인가 크게 잘못되어 있었다. 돌턴은 이유식을 받아먹을 기운조차 없을 정도로 위중한 상태였다.

엄마는 공포에 질려 응급실로 달려갔다. **요추천자** 검사를 시행한 결과 돌턴은 폐렴구균(*Pneumococcus*)에 의한 세균성 뇌수막염에 걸린 것으로 밝혀졌다. 뇌수막염은 뇌와 **척수**에 생긴 염증 때문에 생명을 잃을 수도 있는 심각한 병이다. 하지만 폐렴구균은 뇌수막염이 아니라 소아에게 중이염을 일으키는 것으로 더 유명한 박테리아다. 폐렴구균은 과거에는 치료가 쉽고 치료비용도 비싸지 않았다. 그러나 이 균이 페니실린 내성을 획득하자 살인 슈퍼박테리아로 돌변했다. 내성이 생긴 병원균은 콧물, 음식, 침을 통해 손쉽게 전파된다. 돌턴도 바로 이 경로를 통해 슈퍼박테리아에 감염되었다는 것이 담당 의사의 소견이었다.

의료진은 곧바로 폐렴구균에 효과가 있는 항생제를 투여하기 시작했다. 이미 염증이 뇌까지 퍼져서 시력이 손상될 수 있을 만큼 심각한 상황이었다. 돌턴은 몇 주 뒤에야 퇴원할 수 있었고 돌턴의 부모는 아이가 평생 맹인으로 살게 될까 봐 전전긍긍했다.

많은 사람이 폐렴구균과 같은 항생제 내성 병원균은 병원에만 존재한다고 생각한다. 하지만 슈퍼박테리아는 더 강해졌고 종류도 훨씬 늘었다. 슈퍼박테리아는 이 분야의 전문가도 놀랄 만큼 우리 주변에 널리 퍼져 있다.

▎ 비위생적인 환경은 치명적인 C. 디피실리 박테리아의 온상지가 될 수 있다.

C. 디피실리의 발생

영국의 병원에서 슈퍼박테리아가 급속도로 퍼지는 사건이 일어났습니다. 이 슈퍼박테리아 때문에 300명 이상의 사람이 목숨을 잃었지요. 건강했던 한 86세 할머니가 눈에 염증이 생겨 입원했다가 이 균에 감염되어 생을 마감했어요. 87세의 한 참전 용사는 딸에게 제발 세상을 떠나게 해달라고 간청할 만큼 극심한 고통을 겪었지요. 어떤 77세 여성은 수혈을 받은 직후에 이 균에 감염되고 말았어요. 사망 원인을 몰랐던 유족은 사망 증명서를 받아 보고 나서야 죽음의 원인을 알게 되었습니다. 범인은 바로 C. 디피실리라고 불리는 클로로스트리듐 디피실리(*Clostridium difficile*)라는 박테리아였어요.

C. 디피실리는 그때까지 사람에게 해를 끼치지 않는다고 알려져 있었던 박테리아였습니다. 사람의 위장에서 종종 발견되고는 했지만 아무 문제

도 일으키지 않았기 때문이에요. 그러나 2005년 무렵부터 C. 디피실리의 어두운 이면이 드러나기 시작했습니다. 감사 결과 영국의 국립 병원 3곳의 위생 상태가 엉망인 것으로 드러나면서 사건은 더 떠들썩해졌습니다. 영국 의료계가 발칵 뒤집혔지요. 방송국과 유명 신문사는 무리한 예산 삭감, 의료 인력 부족, 병원 간부의 무능력을 문제의 원인으로 꼽았습니다. 병원이 C. 디피실리가 활개칠 수 있는 무대가 된 셈이었지요. 그동안 많은 이들의 생명을 구했던 항생제는 이 박테리아에게 내성을 유발했고 오히려 이 비극을 부추기고 말았습니다.

이들 병원은 의료진이 부족한데도 환자는 넘쳐 나는 기형적인 영업 구조를 가지고 있었습니다. 게다가 위생 상태까지 실로 끔찍한 수준이었지요. 의료진은 손도 씻지 않고 환자를 돌보았어요. 결국 C. 디피실리가 많은 환자에게 중증 감염을 일으켰고 상황은 급격하게 악화되었습니다. 뉴스 보도에 따르면 간호사가 환자를 화장실에 데려다 줄 수 없을 만큼 바빠서 환자가 침대에서 일을 치르는 일이 부지기수였다고 합니다. 심지어 환자가 더러워진 침대 위에 몇 시간씩 방치되기도 했지요.

이 모든 문제를 일으킨 근본적인 원인은 바로 항생제입니다. C. 디피실리가 심각한 질병을 일으킬 수 있다는 사실은 이미 1970년대 후반에 밝혀졌지요. 이 사건을 조사한 영국 의료 품질 평가 위원회(British Care Quality Commission)는 2007년 보고서를 통해 C. 디피실리 확산의 원인이 비위생적인 병원 환경이었다고 발표했습니다. 하지만 비위생적인 병원 환경 이전에 항생제 내성이 더 큰 문제라고 지적하는 사람이 많았습니다. 사실 모든 문제는 내성을 가진 C. 디피실리가 단순히 항생제에 저항하는 수준을 넘어서 항생제를 무시하고 번성하기까지 하는 무서운 슈퍼박테리아가 되었기 때문에 발생했지요.

C. 디피실리의 특징

어릴 때부터 위장에 C. 디피실리가 존재하는 사람도 있습니다. 이 박테리아는 대개 공기 중에 퍼진 포자가 사람 손에 묻은 뒤 입을 거쳐 위장으로 이동하는 방식으로 침투합니다. 건강한 사람의 몸에 C. 디피실리가 들어왔을 때는 수백만 마리의 착한 박테리아가 C. 디피실리의 활동을 억제해 줍니다. 하지만 C. 디피실리가 병원이나 요양원에서 지내는 노인에게 침투했다면 사정이 달라집니다. 이들은 대개 C. 디피실리와 무관한 다른 감염 질환 때문에 항생제를 사용하는 환자이지요. 항생

C. 디피실리의 포자는 열, 소독약, 알코올에도 제거되지 않는다. 이 균에 감염되지 않기 위해서는 감염 예방 규칙을 철저하게 따르는 것이 최선의 방법이다.

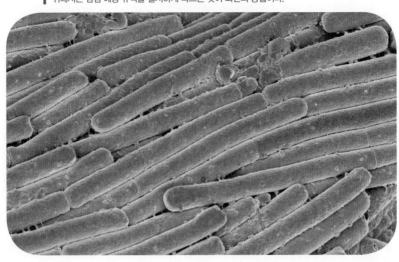

제는 C. 디피실리에는 효과가 없고 다른 박테리아만 죽입니다. 그 결과 천적이 없어진 C. 디피실리가 환자들의 장에서 마음껏 증식해요. 이렇게 착한 박테리아와 나쁜 박테리아 간의 균형이 깨지면 C. 디피실리로 인해 설사 증세가 일어납니다. 그 뒤 다양한 합병증이 발생하고 순식간에 생명까지 위협받게 되지요.

C. 디피실리 포자는 가열하거나 소독약으로 닦아도 죽지 않습니다. 그래서 아직까지는 감염 예방 규칙을 철저하게 따르는 것이 C. 디피실리로 인한 피해를 최소화하는 유일한 방법입니다. 집단 감염 사건을 겪은 영국의 보건 당국은 병원들에게 적절한 위생 수준을 유지하고 항생제를 남용하지 말라고 명령했습니다. 의료진도 병원 구석구석을 꼼꼼하게 챙기기 시작했어요.

조사 결과 이 시기에 사망한 환자의 90퍼센트가 C. 디피실리로 인해 유명을 달리했다고 밝혀졌습니다. 나머지 환자도 어떤 식으로든 이 병원균과 관련되어 있었지요. 병원 간부들은 법적 처벌은 받지 않았지만 사고의 책임을 지고 사임했습니다. 2009년 보건 당국이 병원의 위생 실태를 재조사했습니다. 다행히도 손 씻기에서부터 청소와 소독 규칙까지 상황이 크게 개선되어 있었어요.

이렇게 병원들이 위생 관리 정책을 강화했지만 C. 디피실리는 여전히 처치하기 어려운 박테리아입니다. 최근에도 C. 디피실리 감염 사례가 꾸준히 보고되고 있지요. 미국에서만 C. 디피실리 감염 사례가 연간 50만 건에 달하고 이 중 사망자는 무려 1만 5천명에서 2만 명 정도라고 합니다. 이제 C. 디피실리는 의료계 최대의 경계 대상이 되었습니다. MRSA와 견주어도 손색이 없을 정도지요. MRSA와 마찬가지로 C. 디피실리 역시 세력권을 넓혀 가고 있습니다. 이제는 C. 디피실리 감염 사례의 40퍼센트 이상이 병원 밖에서 발생한다고 알려져 있어요.

중이염과 항생제 사용

중이염은 통증이 심하기로 악명 높은 병입니다. 아이들에게서 흔히 발생하는 질병이기도 하지요. 중이염 때문에 병원을 찾는 어린이 환자가 미국에서만도 매년 수천 명에 이릅니다. 대부분의 중이염 환자에게는 항생제 처방이 내려져요. 실제로 많은 어린이가 중이염 때문에 항생제를 사용하고 있습니다. 그런데 간혹 어떤 의사가 중이염에는 약물 치료가 소용없다고 말해서 어린이 환자의 부모를 당황시키기도 합니다.

중이염에 걸린 어린이에게 항생제를 투여하는 문제를 두고 전문가의 의견이 분분합니다. 어떤 의사는 무조건 항생제를 써야 한다고 주장하지요. 하지만 시간을 두고 지켜봐야 한다는 의사도 적지 않습니다. 중이염 환자의 무려 80퍼센트가 항생제의 도움 없이도 저절로 치유되

생각해 보기

중이염에 걸려 본 적이 있다면 중이염이 얼마나 아픈 질병인지 잘 알고 있을 것이다. 고통스러워서 조금도 참기 어려울 정도다. 하지만 중이염은 대부분 3일 안에 저절로 낫는 병이다. 그래도 의사에게 항생제를 달라고 해야 할까? 아니면 저절로 나아질 때까지 참아야 할까?

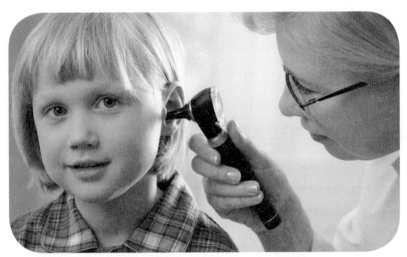

중이염에는 대개 항생제가 필요하지 않다. 중이염 환자의 무려 80퍼센트가 항생제를 쓰지 않고도 나았다는 연구 결과가 있다.

었다는 연구 결과가 많이 나와 있거든요. 항생제 남용이 변종 슈퍼박테리아의 증가를 부추긴다는 우려도 큰 이유가 되지요.

사실 중이염의 경우 항생제를 쓴다고 해서 그냥 두는 것보다 더 빨리 낫는다는 보장은 없습니다. 이것은 대부분의 전문가가 인정하는 사실이지요. 그럼에도 항생제를 사용하는 이유는 항생제를 사용하면 최소한 상태가 더 나빠지지는 않으며 염증이 재발하지 않는다고 믿기 때문입니다. 문제는 많은 의사들이 중이염의 원인이 박테리아 감염인지 아닌지 제대로 구분하는 일이 현실적으로 힘들다는 점입니다. 의사는 보통 벌겋게 부어오른 귀를 보고 중이염이라고 진단합니다. 일반적으로 박테리아에 의해 고름이 만들어질 때 부어오르는 증상이 나타나기 때문에 그렇게 추측하지요. 이 추측이 틀리지 않다면 항생제를 사용하는 것이 맞아요.

하지만 박테리아 감염인지 확인해 보지도 않고 항생제를 처방하는 의사가 너무 많습니다. 가벼운 병에 지나치게 강한 항생제를 쓰는 일도 증가하고 있어요. 왜 이런 일이 벌어질까요? 의사들은 질병을 방치했다가 상태가 나빠지는 일을 막기 위해서라고 변명하지요. 부모가 항생제 처방을 요구하기 때문에 어쩔 수 없다고 말하는 의사도 있습니다. 아픈 어린이의 등교를 허락하지 않는 어린이집도 부모가 항생제를 남용하게 만드는 원인 중 하나이지요. 부모가 너무 바빠서 병원을 자주 찾기 어려운 현실도 큰 장애물입니다.

손 씻기의 중요성

현재 슈퍼박테리아는 최첨단 신약도 이겨낼 정도로 강력해졌습니다. 이렇게 강력한 슈퍼박테리아에 우리는 어떻게 대처해야 할까요? 오랜 연구가 이어져 왔지만 인류는 아직도 슈퍼박테리아의 공격을 막을 완벽한 방법

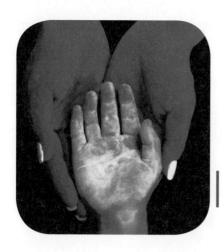

이 사진은 어린이의 손에 특수용액을 바른 뒤 물로 헹구고 나서 찍은 것이다. 손에 특수 조명을 비추면 군데군데 잘 닦이지 않은 부분이 밝게 보인다.

을 찾지 못했어요. 이 끈질긴 녀석을 물리치는 일이 과연 가능할까요?

슈퍼박테리아 감염을 비롯한 수많은 질병의 전파를 막을 방법이 한 가지 있습니다. 그것은 바로 손 씻기입니다. 손을 잘 씻는 습관을 들이면 어떤 강력한 항생제보다 훨씬 효과적으로 다양한 질병을 예방할 수 있어요. 박테리아 감염 질환 중 약 80퍼센트는 씻지 않은 더러운 손을 통해 전파된다고 합니다. 사람의 손에는 박테리아, 바이러스, 곰팡이와 같은 온갖 종류의 미생물이 약 2억 마리씩 서식합니다. 사람의 피부에 서식하는 대부분의 박테리아는 우리 몸에 이로운 착한 박테리아입니다. 하지만 나쁜 박테리아 역시 우리의 손에서 살 수 있지요. 박테리아는 우리가 더러운 손으로 입, 코, 눈의 점막을 만지는 틈을 타 체내로 잠입합니다. 손은 나쁜 박테리아가 체내로 잠입하기 위한 일종의 대기실인 셈이지요.

우리는 누구나 자신이 손을 잘 씻는다고 생각합니다. 그런데 우리는 왜 그렇게 자주 병에 걸릴까요? 손을 씻는 올바른 방법을 모르기 때문입니다. 청소년은 물론이고 성인도 손 씻기에 관해서는 전문가의 조언을 듣는 것이 좋습니다. 최소한 다음과 같은 규칙을 지켜야 하지요.

- 비누를 사용해서 따뜻한 물로 손을 씻습니다. 비누를 사용하지 않으면 세균이 완전히 제거되지 않아요.
- 손을 20초 이상 비벼야 합니다. 특히 손가락 끝과 손톱 밑을 꼼꼼히 신경 써야 하지요. 손에 서식하는 세균의 95퍼센트가 손가락 끝에 모여 있습니다.
- 10초간 물로 손을 헹구고 깨끗한 마른 수건으로 물기를 완전히 닦아냅니다.

찬성 VS 반대

우리는 항생제 이후의 시대를 준비해야 한다. 항생제 이후의 시대란 우리가 사용하고 있는 현대 의약품과의 결별을 의미한다. 지금처럼 항생제를 남용하면 무릎에 난 작은 상처 때문에 사망하는 시대가 올 것이다. 항생제 사용을 최대한 줄이는 것이 무엇보다 중요하다.

– 마가렛 챈 WHO 위원

우리는 죽어 가는 사람이나 몸이 아픈 사람에게 항생제를 줍니다. 그것은 마치 신처럼 선하게 행동하는 것이에요. 그것은 인간의 생활을 개선하는 일입니다. 나는 그게 그렇게 큰 문제라고 생각하지 않습니다.

– 로버트 윈스턴 영국의 과학자 겸 정치인

- 항생제는 박테리아를 박멸하는 데 탁월한 효과를 발휘한다. 하지만 문제는 감기처럼 흔한 질병은 박테리아가 주범이 아니라는 데 있다. 박테리아와 비슷한 바이러스가 바로 감기의 원인이다.

- 전 세계 항생제 생산량의 약 3분의 2가 처방전 없이 사용된다. 이렇게 처방전 없이 판매된 항생제는 너무 많이 사용되거나 부적절하게 사용되기도 한다. 항생제는 특히 아프리카와 중남미, 중국과 인도 같은 나라에서 불티나게 판매되는데, 올바른 항생제 사용법을 모르는 사람도 전체 환자의 절반이나 된다고 한다.

- 내성을 가진 C. 디피실리는 단순히 항생제에 저항하는 수준을 넘어서 항생제를 무시하고 번성하기까지 하는 무서운 균이다. C. 디피실리 포자는 가열하거나 소독약으로 닦아도 죽지 않는다. 아직까지는 기본적인 감염 예방 규칙을 철저하게 따르는 것이 C. 디피실리로 인한 피해를 최소화하는 최선의 방법이다.

- 박테리아 감염 질환 중 약 80퍼센트는 씻지 않은 더러운 손을 통해 전파된다. 손을 잘 씻는 습관을 들이면 강력한 항생제보다 훨씬 효과적으로 다양한 질병을 예방할 수 있다.

5

공장식 축산업과
슈퍼박테리아

소비자는 시장이나 마트에서 고기를 살 때 위생적이고 안전한 환경에서 처리된 고기
만 유통되고 있다고 생각합니다. 그러나 때로는 그 식품의 안전성에 대해 의심하게
되는 경우도 있어요. 뉴스나 신문을 통해 오염된 식재료로 만든 음식을 먹고 집단 식
중독에 걸렸다는 소식을 접하는 일이 늘어나고 있기 때문이지요.

1983년, 미국 중서부 일부 지역에서 18명의 사람이 심각한 살모넬라 식중독에 걸리는 사건이 일

어났습니다. 이들은 모두 구역질과 구토, 설사 증상을 보였고 그중에서 나이가 많은 환자 1명은 심각한 탈수 때문에 결국 세상을 떠났습니다. 그런데 다른 식중독 사례와 마찬가지로 이 환자들에게는 한 가지 공통점이 있었습니다. 모두 한 농장에서 공급한 쇠고기로 만든 햄버거를 먹었다는 점이었지요.

위협받는 식품 안전

이 식중독은 의료진을 당황하게 했습니다. 갖은 시도를 했지만 치료는 쉽지 않았어요. 의료진은 환자에게 살모넬라 식중독에 흔히 사용되는 다양한 항생제를 투여했습니다. 하지만 어떤 항생제도 이 식중독균을 물리치지 못했지요. 식중독 원인균에서 돌연변이가 일어나 슈퍼박테리아로 변했기 때문이었어요.

지금도 농장에서는 소의 사료에 항생제를 섞어 먹이고 있지요. 항생제 사료를 먹은 소들은 사람과 마찬가지로 항생제 내성 박테리아를 갖게 될 가능성이 큽니다. 이 사건도 항생제 내성 박테리아를 가진 소를 도축해 얻은 고기로 만든 햄버거가 원인이었을 가능성이 크지요. 변이를 일으킨 내성 살모넬라균이 환자에게 들어와 식중독을 일으켰다고 추측하는 사람이 많았어요.

사실 모든 식품 안에는 박테리아가 존재합니다. 식품 속에 들어 있는 대부분의 박테리아는 인체에 해롭지 않습니다. 치즈나 요구르트 같은 건강식품을 만드는 데 반드시 필요한 박테리아도 있지요. 반면 음식 속에 숨어서 병을 일으키는 유해한 박테리아도 있습니다. 대표적인 것이 살모넬라균과 대장균입니다. 그런데 음식의 겉모습이나 맛만으로 그 속에 이러한 세균이 들어 있는지 판단하기는 어렵습니다. 특히 살모넬라균은 음식의 외양이나 냄새, 맛을 조금도 변화시키지 않아요.

식품을 통해 감염되는 질병은 조사를 통해 드러나는 경우가 드뭅니다. 그렇기 때문에 식중독 감염 환자 수를 정확하게 파악하는 일은 쉽지 않지요. 전문가들은 전 세계적으로 매년 69만 6천명에서 380만 명이 살모넬라 식중독에 걸린다고 추측합니다. 미국에서만 살모넬라 식중독 환자가 해마다 약 4만 명씩 보고됩니다. 하지만 증상이 심하지 않으면 환자들이 병원에 가지 않기 때문에 실제 감염 건수는 그보다 30배 이상 많다고 추정하지요. 어린이와 노약자, 면역 기능이 떨어지는 환자는 살모넬라 식중독에 걸릴 위험이 특히 높습니다. 미국에서 살모넬라 식중독으로 사망하는 사람은 매년 400명가량에 이르지요.

프랑스 정부는 식중독을 예방하기 위한 철저한 감시 시스템을 마련해 놓았습니다. 하지만 프랑스에서도 매년 8천 건의 살모넬라 식중독 사례가 보고되고 그중에서 550명 정도가 사망합니다. 호주에서는 연간 식중독 발생 건수가 540만 건에 달하고 그중에서 120건이 사망으로 이어지지요.

살모넬라균

살모넬라균이 일으키는 질병은 식중독만이 아닙니다. 살모넬라균에 감염되면 장티푸스에 걸리기도 하지요. WHO의 발표에 의하면 장티푸스는 전 세계에서 매년 2,200만 명이 감염되고 21만 6천 명이 사망할 정도로 무서운 병입니다.

식중독균은 보통 덜 익은 고기를 통해 전파됩니다. 하지만 가공하지

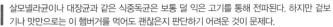

살모넬라균이나 대장균과 같은 식중독균은 보통 덜 익은 고기를 통해 전파된다. 하지만 겉보기나 맛만으로는 이 햄버거를 먹어도 괜찮은지 판단하기 어려운 것이 문제다.

않은 우유나 저온 살균하지 않은 주스를 통해서도 전염될 수 있어요. 대장균과 같은 박테리아는 악수를 하거나 조리 기구를 만지는 행동을 통해 손에서 손으로 퍼집니다. 따라서 손을 잘 씻으면 이런 감염을 예방할 수 있지요.

최근 식중독균, 특히 살모넬라균의 항생제 내성이 점점 강해지고 있습니다. 한때 살모넬라균 감염에 효과적이었던 항생제가 이제는 전혀 효과가 없지요. 사람의 항생제 남용도 심각한 문제이지만 앞에서 밝혔듯이 가축에게 오남용되는 항생제 문제 또한 새로운 걱정거리로 떠올랐습니다. 가축에게 항생제를 써야 할 이유가 무엇인지, 항생제를 투여한 가축이 사람에게 어떤 영향을 주는지 연구하는 연구원들이 많아졌지요.

아프리카의 위기

그동안 사람들은 살모넬라 식중독을 대수롭지 않게 여겼습니다. 살모넬라 식중독으로 인해 사람이 죽는 일은 많지 않았으니까요. 그런데 10년 전쯤 아프리카에서 강력한 항생제 내성 살모넬라 박테리아가 출현하면서 사람들의 생각이 바뀌었습니다.

살모넬라균의 일종인 쥐장티프스균이라는 박테리아가 있습니다. 이 박테리아는 보통 음식을 통해 전파되어 설사를 일으킵니다. 하지만 생명을 앗아가지는 않았습니다. 이 박테리아 종에 속하는 여러 가지 균 중에는 ST313이라는 균이 있습니다. ST313균에 감염되면 네 명 중 한 명 꼴로 목숨을 잃어요. 안타깝게도 어린이와 에이즈(AIDS) 감염자, 영양실조 환자를 비롯해 주로 노약자가 이 균에 희생됩니다. ST313균은 아프리카 전역에서 발견되지요. 아프리카와 영국 과학자들의 공동 연구에 의하면 ST313에 돌연변이가 일어나 시중에 유통되는 여러 항생제에 내성이 생겼다고 합니다.

이 공동 연구 프로그램의 책임자인 로버트 헤이더만은 이 박테리아가 동물이나 음식을 통해서가 아니라 사람 간의 접촉만으로 전염될 수 있다고 주장합니다. 로버트는 이렇게 경고했어요. "살모넬라균은 달걀이나 고기, 우유를 통해 사람에게 전파된다고 알려져 있지만 이번에 새로 발견된 균은 수저나 그릇을 통해 옮는 것으로 보입니다. 수저를 쓰지 않는 사람은 없으므로 누구나 조심해야 합니다. 면역력이 약한 어린 아이들은 각별히 조심해야 하지요."

현재 과학자들은 이 새로운 균을 물리칠 방법을 연구하고 있습니다. 하지만 개발도상국에서는 연구를 진행하기가 쉽지 않아요. 사람들이 아파도 병원을 찾지 않아서 통계에 잡히지 않기 때문입니다. 남아프리카공화국처럼 의료 시설이 발달한 몇몇 국가를 제외한 나머지 아프리카 지역에서는 얼마나 많은 사람이 ST313에 감염되었는지 알 수 없습니다. 또한 몇 명이나 이 균 때문에 사망했는지 정확히 아는 사람도 없어요.

가축에 대한 항생제 사용

오늘날 농장에서 키우는 대부분의 가축은 비좁은 우리에 갇혀 사육됩니다. 농부들은 제한된 공간에서 많은 가축을 키우려면 다른 방도가 없다고 말합니다. 이 가축들은 철저한 검사를 통과한 사료만 먹으면서 자란다고 주장하지요.

그런데 이러한 방식으로 사육되는 가축은 사료 외에 먹는 것이 한 가지 더 있습니다. 바로 항생제입니다. 식용 가축은 도축 전까지 엄청난 양의 항생제를 먹습니다. 2009년 한 해 동안 미국 전역의 축산 농가에서 구입한 항생제의 양만 해도 무려 1만 4,500톤에 달했습니다. 가축에게 다량의 항생제를 먹이는 일은 식품 업계 내에서도 뜨거운 논란거리예요.

왜 가축에게 항생제가 필요할까요? 대부분의 농가에서는 다닥다닥 붙어 있는 축사에서 많은 동물을 한꺼번에 사육합니다. 그렇기 때문에 축사 안에 병이 쉽게 퍼지지요. 가축 무리에 전염병이 돌지 않도록 건강한 동물에게 항생제를 먹여 예방해야 합니다.

또한 가축의 성장을 촉진하기 위해서 항생제를 사용하기도 합니다. 항생제를 사료에 섞어 먹인다고 해서 가축이 더 잘 자란다는 과학적인 근거는 없습니다. 하지만 항생제가 고기의 양을 늘려 준다고 믿는 축산 업자가 많기 때문에 다량의 항생제가 남용되는 상황이지요.

가축에 대한 항생제 사용의 규제

세계 보건 기구는 전 세계에서 소비되는 항생제의 50퍼센트가 가축에게 사용된다고 추정합니다. 미국에서는 전체 항생제 사용량의 약 70퍼센트가 가축에게 쓰인다고 합니다. 미국의 비영리 기구인 참여과학자연대(Union of Concerned Scientists)는 이러한 가축용 항생제의 70퍼센트가 질병의 치료나 예방이 아니라 단순히 성장 촉진의 목적으로만 사용된다고 주장하지요. 그나마 다행인 점은 성장 촉진 목적으로 사용하는 항생제를 줄이고 가축을 방목해서 기르자고 하는 농부들이 늘어나고 있다는 사실입니다.

전문가들은 가축에 대한 항생제 사용이 인간에게 치명적이라고 경고합니다. 가축에게 항생제를 사용하는 행위로 인해 슈퍼박테리아가 창궐하게 되고, 이러한 슈퍼박테리아가 인간에게 심각한 질병을 불러올 것이라고 주장하지요. 이들의 주장에 따르면 나중에 식재료가 될 가축이 슈퍼박테리아의 온상지가 되는 셈입니다.

그런데 정말로 가축이 슈퍼박테리아를 사람에게 옮길 수 있을까요? 이에 대해서는 팽팽한 논란이 진행 중입니다. 항생제를 먹인 가축 때문에 사람이 슈퍼박테리아에 감염될 수 있다는 연구 결과는 아직 없습니다. 하지만 이러한 주장이 터무니없는 추측은 아닙니다. 살모넬라균과 같이 식품을 통해 전파되는 박테리아 중에서도 항생제 내성을 가진 슈

▌농장에서는 가축의 질병을 예방하고 성장을 촉진하기 위해 항생제를 사용하는 일이 많다.

퍼박테리아가 꾸준히 발견되고 있으니까요. 식품을 통해 슈퍼박테리아에 감염되었다고 의심되는 환자도 꾸준히 발생하고 있지요.

최근에는 몇몇 국가가 특단의 조치를 취하기 시작했습니다. 2006년 **유럽 연합**은 10년간 가축에 대한 항생제 사용을 규제하기로 결정했습니다. 특히 성장 촉진 목적의 항생제 사용을 전면 금지했지요. WHO는 전 세계 국가에 가축에게 성장 촉진을 위한 항생제를 사용하지 말도록 꾸준히 권고하고 있습니다.

이러한 상황 가운데 유독 위기 대응에 소극적인 미국을 비판하는 목소리가 높습니다. 2005년 미국 식품 의약품 안전청(FDA, Food and Drug Administration)은 당시 양계장에서 널리 사용되던 플루오로퀴놀론(Fluoroquinolone)이라는 항생제의 사용을 금지했습니다. 플루오로퀴놀론은 사람에게 항생제 내성 감염을 초래할 수 있다고 증명된 항생제입니다. 이 항생제를 미국의 낙농업계에서 완전히 없애는 데는 무려 5년이라는 시간이 걸렸습니다. 미국의 변화가 이렇게 늦어진 이유는 미국 축산 낙농 업계와 제약 업계의 로비가 있었기 때문이지요.

가축에게 투여되는 항생제에 대한 찬반논쟁

고기는 우리 식탁에 빠지지 않고 올라오는 식재료입니다. 소비자는 시장이나 마트에서 고기를 살 때 위생적이고 안전한 환경에서 처리된 고기만이 유통된다고 생각합니다. 그러나 때로는 그 식품의 안전성에 대해 의심하게 되는 경우도 있어요. 오염된 식재료가 원인이 되어 집단 식중독에 걸렸다는 소식을 접하게 되는 일이 늘어나고 있기 때문이지요. 대부분의 축산업자는 위생적인 환경에서 기른 안전한 식재료를 공급하기 위해 가축에게 항생제를 사용한다고 강변합니다. 하지만 앞서 살펴보았듯이 가축에게 항생제를 사용하는 일은 오히려 슈퍼박테리아의 창궐을 부추기는 일이기도 합니다. 이 문제를 두고 찬반논쟁이 치열하게 이루어지는 중이지요.

가축에 대한 항생제 사용에 반대하는 대부분의 사람은 전 세계 항생제의 50퍼센트가 건강한 가축에게 사용된다는 사실을 지적합니다. 특히 항생제를 단지 성장을 촉진할 목적으로 사용해서는 안 된다고 주장하지요. 또한 식품을 통해 전염되는 슈퍼박테리아가 항생제를 먹인 가축에서 더 많이 발견된다는 연구도 꾸준히 발표됩니다. 오염된 고기를 먹거나, 감염된 동물과 접촉하거나, 공기 중에 떠돌던 박테리아 포자가 인체에 들어오면 항생제 내성균에 감염될 수 있다는 증거도 점점 증가하는 추세이지요. 유럽 연합은 2006년에 가축에 대한 성장 촉진 목적의 항생제 사용을 전면 금지했습니다. 유럽에서 항생제 사용을 금지한 시점이 슈퍼박테리아 감염 환자 수가 감소한 시점과 일치한다는 연구 결과도 있어요.

그러나 가축에게 항생제 사용이 필요하다고 주장하는 측의 목소리도 만만치 않습니다. 이들은 많은 가축을 좁은 축사에 가두어 놓고 키우면 박테리아가 쉽게 퍼지기 때문에 항생제를 꼭 사용해야 한다고 주장합니다. 질병 감염을 예방하고 축사 내에 전염병이 돌지 않게 하려면 미리 항생제를 먹여야 한다는 논리지요. 이들은 고기에 숨어 있던 항생제 내성 박테리아가 사람에게 전파되는 경우보다 사람이 병든 동물과 접촉하는 경우가 더 위험하다는 연구 결과도 내놓았습니다. 현재까지 발표된 어떠한 연구에서도 가축에 대한 항생제 사용 때문에 사람이 슈퍼박테리아에 감염된다고 증명된 바 없다고도 주장합니다. 실제로 슈퍼박테리아가 음식, 신체 접촉, 공기를 통해 가축에게서 사람에게 옮겨간다는 확실한 증거는 아직 밝혀내지 못했지요.

항생제 사용에 찬성하는 사람은 가축을 살찌우면 식품 산업과 세계 경제에 보탬이 된다고 주장하기도 합니다. 이들은 항생제를 투여한 동물이 더 빨리 자라고 더 많은 고기를 생산해 낸다고 이야기합니다. 식량이 풍부해지고 일자리가 늘어나며 식품 가격이 저렴해진다는 면에서 사람에게도 이익이라고 주장하지요. 하지만 항생제를 사용한다고 해서 가축이 더 빨리 자라거나 살이 오른다는 증거는 없습니다. 오히려 슈퍼박테리아의 창궐을 부추길 뿐이지요.

여러분의 의견은 어느 쪽인가요? 정말 가축에 대한 항생제 사용이 축사에 퍼지는 전염병을 막을 수 있을까요? 항생제를 남용하는 것보다 공장식 축산업에서 탈피해 넓고 위생적인 축사에서 가축을 기르는 편이 더 올바른 질병 예방법은 아닐까요?

식생활 안전

대부분의 식중독균이 덜 익은 고기를 통해 전파됩니다. 그런데 살모 넬라균과 대장균은 살균하지 않은 우유나 사과 주스, 염소 처리하지 않은 물을 통해서도 전염되지요. 우리가 마시는 음료는 대부분 살균 처리를 거치기 때문에 실생활에서 우리가 오염된 음료를 마실 가능성은 적습니다. 그래도 음료를 사서 마실 때는 겉표지에 적힌 유통기한을 확인하는 것이 좋아요. 가끔 시금치, 상추와 같은 잎채소에서 식중독균이 검출되는 경우도 있습니다. 오염된 잎채소로 음식을 만들어 먹을 위험성도 있다는 이야기지요. 하지만 지나치게 걱정할 필요는 없어요. 몇 가지 사항만 지키면 안전하니까요.

- 손 씻기: 손을 잘 씻기만 해도 전체 식중독균의 절반 정도는 막을 수 있어요. 음식을 만질 때, 식사할 때, 화장실에 갈 때, 아기 기저 귀를 갈 때, 식재료를 다듬을 때, 동물을 만질 때, 재채기나 기침을 할 때, 쓰레기를 정리할 때, 전화기나 신체 부위를 만질 때, 벤 상처나 물집을 만질 때는 손이 닿기 전과 닿은 뒤에 반드시 물로 닦

아야 합니다.

- 교차 오염의 차단: 익히지 않은 날고기가 다른 음식에 닿으면 **교차 오염**이 일어납니다. 예를 들어 고기를 자르는 데 썼던 도마를 씻지 않고 다시 그 위에서 상추를 다듬으면 고기에 있던 박테리아가 상추로 옮겨가지요. 따라서 고기 요리를 할 때는 식재료에 따라 조리도구를 따로 사용해야 합니다. 고기를 오븐에 넣을 때 포크를 사용했다면, 익은 고기를 꺼낼 때는 깨끗한 포크를 새로 꺼내 사용해야 해요. 조리대와 도마를 행주로 닦는 일도 중요합니다. 익히지 않은 고기를 냉장고에 보관할 때는 냉장고 맨 아래 칸에 두어야 다른 식품에 육즙이 떨어지지 않지요.

- 충분한 조리: 음식을 충분히 익히면 식중독균은 버텨내지 못합니다. 특히 고기는 완전히 익혀서 먹어야 하지요. 조리가 끝난 닭고기를 잘랐는데 속이 덜 익어 분홍색을 띤다면 입에 대지 않는 편이 좋습니다. 또한 음식이 제대로 익었는지 색깔과 질감만으로는 정확하게 파악할 수 없을 때도 많습니다. 그럴 때는 음식 전용 온도계로 온도를 확인하는 것이 좋습니다.

- 올바른 보관: 식은 음식은 뚜껑을 덮어 냉장고에 넣어야 합니다. 실온에 두면 음식에서 박테리아가 자랄 수 있지요. 고기와 생선, 우유, 달걀은 반드시 냉장 보관해야 합니다. 냉동된 식품을 해동할 때는 실온에서 해동하면 안 됩니다. 조리하기 하루 전쯤 냉장실에 옮겨서 보관했다가 손질하기 직전에 흐르는 냉수에 담그거나 전자레인지에 넣어 녹여야 하지요.

• 과일과 채소를 먹을 때 주의할 점: 식중독 위험이 있다고 해서 과일과 채소를 먹지 않을 수는 없습니다. 과일과 채소는 훌륭한 영양 공급원이니까요. 하지만 시금치나 상추와 같은 잎채소를 통해 식중독균이 퍼지는 사례도 많기 때문에 항상 주의해야 합니다. 아무리 잘 씻어내더라도 오염 물질이 전부 떨어져 나가지는 않기 때문에 더 조심해야 하지요. 만약 식중독이 유행하면 TV나 라디오, 신문을 유심히 챙겨보고 어떤 음식을 조심해야 하는지 기억해 두어야 합니다. 2010년에 영국에서 140명이 한꺼번에 살모넬라 식중독에 걸린 일이 있었습니다. 그중 한 명은 병을 이기지 못하고 사망하기도 했어요. 이 사건의 원인은 고작 상한 콩나물 한 바구니였습니다.

알아두기

여름에 바비큐 파티를 연다고 상상해 보자. 파티를 열면 배부르게 먹더라도 늘 고기가 남기 마련이다. 이렇게 남은 음식은 얼마나 오랫동안 상하지 않게 보관할 수 있을까? 30도가 넘는 한여름 날씨라면 한 시간 정도는 실온에 두어도 괜찮다. 비교적 서늘하다면 실온에서 두 시간까지도 보관할 수 있다. 두 시간 이상 지났다면 겉보기에 멀쩡하더라도 먹지 말고 버려야 한다. 남은 고기를 버리기가 아깝다면 실온이 아닌 냉장고에 보관하는 습관을 기르자.

냉장고에는 얼마나 오래 음식을 보관할 수 있을까? 음식의 종류에 따라 차이가 있지만 냉장고에 보관하더라도 사흘이나 나흘 이내에 먹어야 한다.

- 많은 농장이 소에게 항생제를 섞은 사료를 먹이고 있다. 이러한 사료를 먹은 소들은 사람과 마찬가지로 항생제 내성 박테리아를 갖게 될 가능성이 높다.
- 식용 가축은 도축 전까지 엄청난 양의 항생제를 먹는다. 가축에게 다량의 항생제를 먹이는 일은 식품 업계 내에서도 뜨거운 논란거리다.
- 식중독균은 보통 덜 익은 고기를 통해 전파된다. 하지만 가공하지 않은 우유나 저온 살균하지 않은 주스를 통해서도 전염될 수 있다.
- 가축에 대한 항생제 사용 문제에 있어서는 찬반론이 존재한다. 축사 내의 전염병을 방지하기 위해 항생제 사용이 꼭 필요하다는 주장과 항생제 사용이 슈퍼박테리아의 번식을 부추길 우려가 있으므로 사용을 금지해야 한다는 주장이 그것이다.

6
CHAPTER

슈퍼박테리아와
인류의 미래

현재 개발 중인 대부분의 항생제는 아직 초기 단계의 연구에 머물러 있다고 합니다. 왜 이러한 일이 벌어지게 되었을까요? 1940년대에서 1950년대 무렵에는 항생제 연구가 전에 없이 활발하게 이루어졌습니다. 대체 어떤 이유로 2000년대에 들어서 항생제 개발이 더뎌진 것일까요?

1960년대 중반까지 세상에는 효과적인 항생제가 넘쳐 났어요. 종류만 해도 무려 2만 5천

가지나 되었습니다. 새로운 항생제가 계속 쏟아져 나왔기 때문에 한 종류의 약이 듣지 않으면 다른 약을 쓰면 그만이었지요.

그러나 어느 순간부터 사정이 달라졌습니다. 슈퍼박테리아는 빠르게 성장하기 시작했고 더 강해졌습니다. 많은 전문가가 항생제 개발 속도가 슈퍼박테리아의 진화 속도를 따라잡지 못하고 있다고 우려합니다. 역사상 새로운 항생제 개발이 이렇게 더딘 시기는 없었어요. 최근 3년 동안 판매 허가를 받은 새로운 항생제는 고작 1종에 불과합니다. 항생제 개발을 아예 포기한 제약 회사도 많습니다. 2008년 조사에 의하면 5개의 대형 제약 회사만이 항생제 개발 프로그램을 운영하고 있었지요. 새로운 항생제로 개발할 항생제 후보 물질이 많지 않은 것도 문제입니다. 2008년 당시, 전 세계에서 개발 중인 항체 물질 167개 중 내성균을 물리칠 잠재력이 있다고 인정받은 물질은 고작 15개에 불과했어요.

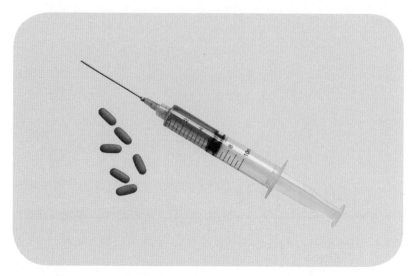

신약은 비싼데다가 만들기도 어렵다. 2008년부터 2011년 사이에 사용 허가를 받은 새로운 항생제는 한 종뿐이었다.

항생제 개발의 현실적 어려움

현재 개발 중인 대부분의 항생제는 아직 초기 단계의 연구에 머물러 있다고 합니다. 왜 이러한 일이 벌어지게 되었을까요? 1940년대에서 1950년대까지 항생제 연구는 전에 없이 활발하게 이루어졌는데 말입니다. 대체 어떠한 이유로 2000년대 들어 항생제 개발이 더디어진 것일까요? 혹자는 과학계가 무사안일주의에 빠졌기 때문이라고 지적합니다. 항생제 내성이 인류의 건강을 위협하는데도 과학자들은 바이러스 감염 같은 다른 문제에만 관심을 두는 상황이라는 분석이지요.

제약 회사도 이러한 현상에 책임이 있습니다. 항생제 개발에는 상상을 초월하는 연구 비용이 듭니다. 게다가 항생제를 의약품 시장에 출시하려면 10년이라는 긴 세월이 걸리지요. 제약 회사의 입장에서는 항생제를 개발했을 때의 이득보다 손해가 클 거라는 손익계산서만 나오게 됩니다. 신약 개발에 성공했다고 하더라도 흑자를 낸다는 보장이 없다는 이야기이지요. 제약회사가 약을 팔아 수익을 얻으려면 그 약이 자주 사용되어야 합니다. 고혈압이나 우울증과 같은 만성 질환 치료제가 바로 그러한 약이지요. 반면 항생제는 꼭 필요할 때만 사용해야 하는 약입니다. 최소 1주일에서 길게는 2주일 동안만 복용하고 바로 복용을 중단해야 해요. 그렇게 복용하는 것이 의학계의 상식입니다. 하지만 이렇게 짧게 복용하는 약은 큰돈이 되지 않아요.

거대 제약 회사의 경우 수익성이 적기 때문에 항생제 개발에 소극적입니다. 작은 제약 회사의 경우에도 사정이 다르지 않습니다. 작은 회사는 신약 개발에 투자할 연구비가 부족하지요. 그 때문에 작은 회사들은 수익이 보장되지 않아 개발이 부담스러운 항생제 개발을 포기합니다. 그 대신에 속 쓰림 치료제와 같이 비교적 자본이 덜 드는 분야로 시선을 돌리게 되지요.

미국에서는 정부의 신약 허가 절차에 대한 비판의 목소리가 높습니다. 신약 허가가 나오기까지 시간이 너무 오래 소비되고 비용이 너무 많이 들며 절차가 까다롭다는 의견이 많아요. 미국에서는 FDA라는 연방 정부 기관이 신약을 심사하고 허가를 내줍니다. 제약 회사들은 FDA가 업무 처리를 느리게 하고 지나치게 많은 서류를 요구한다며 불만을 터뜨리기도 하지요. 그러나 FDA가 공중 보건의 방패막이로써 긍정적인 역할을 수행한다고 평가하는 사람도 많습니다.

신약 개발을 위한 정부의 노력

영국과 스웨덴 같은 국가에서는 이러한 상황을 개선하고자 정부가 제약 업계와 손잡고 신약 개발 비용을 분담합니다. 스웨덴의 한 공무원은 의학 전문 학술지에 글을 기고해 이러한 협업의 목적을 설명했습니다. 기고된 글에 의하면 이 협업의 목적은 '연구 개발 비용 때문에 약값이 비싸지는 것을 막고 제약 회사가 투자 비용을 회수해야 한다는 압박에 시달리지 않도록 하는 것'이라고 합니다. 판매를 통해 투입된 자본을 회수해야 한다는 부담이 줄면 회사가 새로운 항생제를 개발하는 데 더 힘을 쏟을 수 있지요.

하지만 정부의 지원이 근본적인 해결책은 아니라는 의견도 있습니다. 이렇게 주장하는 사람은 제약 회사가 정부의 도움을 받더라도 슈퍼박테리아 치료를 위한 신약 개발을 외면할 것이라 예측하지요. 이윤을 추구하는 회사의 입장에서는 심각하고 희귀한 질병보다는 중이염처럼 대수롭지 않지만 흔한 질병의 치료제 개발에 더 집중할 수밖에 없는 구조이기 때문입니다. 사람들이 자주 걸리는 질병일수록 치료제가 많이 팔리기 때문에 흔한 질병의 치료제가 더 좋은 수입원이 되지요.

이처럼 신약 개발을 위한 정부의 지원을 두고 여러 사람의 의견이 분분합니다. 과연 정부 차원의 신약 개발 지원이 슈퍼박테리아 관련 질환을 퇴치할 대안이 될 수 있을까요? 제약 회사가 정부의 지원만 받고 그에 따른 사회적 책임을 외면하는 현상은 어떻게 보아야 하는 걸까요? 제약 회사가 사회적 책임을 외면한다고 해서 정부는 신약 개발을 위한 지원을 줄여야 하는 걸까요?

제약 회사가 더 수익성이 좋은 의약품을 개발하려는 것은 어쩌면 당연한 일인지도 모릅니다. 그렇기 때문에 정부는 수익성이 좋지 않지만 꼭 필요한 의약품 개발에 투자를 아끼지 말아야합니다. 제약 회사가 새로운 항생제 개발에 관심을 두지 않는 상황에서 정부마저 손을 놓아버린다면 결국 새로운 항생제 개발은 요원한 일이 됩니다. 정부는 새로운 항생제 개발에 지원을 아끼지 않는 한편, 제약 회사에게 그에 따른 사회

슈퍼박테리아를 퇴치할 신약을 찾기 위해 꾸준한 연구가 이루어지고 있다.

적 책임을 묻고 감시하는 역할을 해야 합니다. 그것이 우리 모두의 건강한 삶을 위해 정부가 해야 할 역할이지요.

새로운 항생제와 내성 슈퍼박테리아

대부분의 항생제는 박테리아나 곰팡이처럼 자연에서 생성된 물질을 이용해서 만듭니다. 소수의 항생제만이 실험실에서 화학적으로 합성되지요. 새로운 항생제 개발은 그리 쉽지 않습니다. 하지만 슈퍼박테리아는 새 항생제가 나오면 금세 항생제 내성을 습득해 버려 새로운 항생제를 무용지물로 만들어 버리지요.

페니실린이 처음 세상에 등장했을 때는 수많은 생명을 구할 기적의 약으로 칭송받았습니다. 그러던 어느 날 슈퍼박테리아가 페니실린 내성을 갖게 되었고, 새로운 항생제인 메티실린이 페니실린의 자리를 대신 차지했지요. 하지만 1990년에 이르러 메티실린이 대부분의 포도상구균에 듣지 않게 되었습니다. 그래서 의사들은 반코마이신(Vancomycin)이라는 새로운 항생제를 도입하지요. 반코마이신을 그처럼 널리 사용하게 될 줄은 아무도 몰랐습니다. 그때까지만 해도 반코마이신은 생명을 위협하는 몇 가지 감염 질환에만 사용하던 흔치 않은 항생제였으니까요.

1990년대 후반 도쿄의 한 병원에서 반코마이신 내성 박테리아가 최초로 발견되었습니다. 그로부터 몇 년 뒤에는 미국 미시건 주와 뉴저지 주에서도 같은 박테리아가 발견되었지요. 오늘날 반코마이신 내성 박테리아는 특정 지역만이 아니라 전 세계에서 발견됩니다. 이제 이 슈퍼박테리아가 살지 않는 곳은 지구상에 없는 셈입니다. 병원과 요양원은 특히 더 위험한 장소지요.

최근에도 퀴누프리스틴(Quinupristin)이나 리네졸리드(Linezolid)와 같은 새로운 항생제가 개발되고 있습니다. 하지만 개발 비용만 각각 4천억 원 이상이 들었고 이 약들의 출시까지는 앞으로 10년 이상의 시간을 기다려야 합니다. 그보다 큰 문제는 이렇게 힘들게 새 치료제를 내놓아도 병원에서 사용하기 시작하자마자 슈퍼박테리아가 금세 내성을 획득해 버린다는 것입니다.

이렇듯 내성 박테리아가 꾸준히 증가하는 현실 속에서 인류는 암울한 경주를 하고 있습니다. 더 늦기 전에 슈퍼박테리아를 퇴치할 수 있는

2008년 7월 10일, 이라크 전에 참전했던 숀 로커 상병은 수송 차량을 호위하는 임무를 수행 중이었다. 갑작스러운 폭발이 일어났고 숀은 정신을 잃었다. 자살 폭탄 테러범이 숀의 근처에 있던 차량에 달려들었던 것이었다. 숀은 폭탄 파편에 얼굴을 다쳐 앞을 볼 수가 없었다. 왼팔이 떨어져 나갔고, 폐가 망가져 숨조차 쉴 수 없었다.

그는 미국 메릴랜드 주에 있는 병원으로 호송되었다. 숀은 그 병원에서 또 다른 적과 맞닥뜨리고 말았다. 숀이 맞닥뜨린 적은 바로 아시네토박터라는 박테리아였다. 전투 중 생긴 부상 부위에 아시네토박터 감염증이 생겨 병원으로 실려 오는 군인은 드물지 않았다. 누군가는 뼈에 감염되었고, 누군가는 혈액에, 누군가는 내장 기관에 감염증이 생겼다. 팔다리에 생긴 감염이 너무 심해서 절단밖에는 도리가 없는 경우도 있었다.

다양한 병원균이 있지만 그중에서도 아시네토박터는 특히 치료하기가 힘든 박테리아다. 불행히도 최근에는 상황이 더 나빠졌다. 의료계는 이 박테리아에 일반 항생제가 더는 통하지 않는다고 호소한다. 이것은 아시네토박터가 슈퍼박테리아로 발전했다는 명백한 증거라고 할 수 있다.

2010년 발표된 보고서에 의하면 아시네토박터는 변이 속도가 무서울 정도로 빠르다고 한다. 최근 몇 년 동안 항생제에 내성이 있는 아시네토박터 감염 사례가 무려 300퍼센트나 증가했다.

현재까지 아시네토박터 감염 때문에 목숨까지 잃은 경우는 극소수에 불과하다. 대부분의 사망 환자는 이 박테리아에 감염되기 전에 건강이 크게 악화된 상태였다. 하지만 전문가들은 전쟁터에 박테리아가 활보한다는 사실에 심각한 우려를 표한다.

새로운 항생제를 개발해야 한다는 소망이 절실하지만 우리의 앞날은 불투명하기만 합니다.

새로운 대응

과학계는 슈퍼박테리아를 완전히 퇴치하는 일이 불가능하다고 말합니다. 어떤 수단을 사용해도 박테리아를 박멸할 수는 없다고 하지요. 박테리아를 박멸할 방법이 있다고 해도 그렇게 해서는 안 됩니다. 박테리아는 태초부터 이 지구의 일부였기 때문이지요. 흙, 공기, 물은 물론이고 우리 몸속에도 박테리아가 살고 있어요. 착한 박테리아는 우리 몸속에서 음식을 소화시키고, 노폐물을 분해하고, 필수 영양소인 비타민의 생성을 돕습니다. 자연계에서는 퇴비를 재활용하고 유독성 폐기물

▌ 아시네토박터는 전장의 군인들을 위협하는 치명적인 박테리아다.

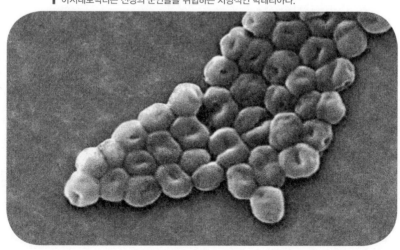

을 분해하는 역할도 하지요.

박테리아는 똑똑한 생물입니다. 살아남기 위해 스스로 변이를 일으키고 항생제의 도전을 극복할 돌파구를 찾아내지요. 그렇다고 해서 우리가 박테리아의 폭주를 저지할 수 없다는 뜻은 아닙니다. 간단한 손 씻기 습관부터 신약 개발까지 각자의 위치에서 할 수 있는 일이 있어요.

지금도 새로운 항생제를 찾기 위한 연구가 꾸준히 진행되고 있습니다. 과학자들은 슈퍼박테리아가 접해 보지 못한 대항마 천연 물질을 찾기 위해 끊임없는 노력을 해 왔습니다. 황량한 사막부터 아마존 우림 지대, 심지어 바다 밑까지 샅샅이 조사하고 있지요. 항생제 개발에 활용할 수 있는 생물은 박테리아와 곰팡이만이 아닙니다. 박테리아에 감염된 식물도 박테리아를 물리치는 화학 물질을 만들어 내지요. 그 때문에 과학계에서는 다양한 식물이 자라는 열대 우림에 주목하고 있습니다. 열대 우림 안에 항생제 원료 물질을 얻을 수 있는 식물이 다양하게 존재할 것으로 기대하고 있어요.

슈퍼박테리아 감염 예방을 위한 노력

세계는 지금도 항생제를 둘러싼 여러 가지 문제로 뜨거운 논쟁을 벌이고 있습니다. 가축에게 항생제를 사용해도 될까요? 의사의 처방전 없이 이루어지는 항생제 판매를 규제해야 할까요? 전 세계가 힘을 합쳐 개발도상국에 깨끗한 식수와 위생시설을 공급하면 슈퍼박테리아의 창궐을 완전히 막을 수 있을까요?

이렇게 다양한 문제를 해결하려는 노력의 하나로 사회운동가들은

'필요 없는 항생제를 처방하지 말고 아무 때나 항생제를 요구하지 말자.'는 '신중한 처방' 캠페인을 펼치고 있습니다.

그렇다면 여러분은 어떤 일을 할 수 있을까요? 항생제 처방을 받았다면 정해진 양을 모두 복용해야 합니다. 항생제 처방을 받은 환자 중 절반 이상은 상태가 좀 호전되었다 싶으면 약물 복용을 그만두어 버리지요. 하지만 그렇게 하면 약한 균만 죽고 강한 균은 살아남아 결국 슈퍼박테리아가 탄생하고 말아요.

항생제는 인두염 같은 박테리아 감염 질환에만 듣는다는 사실을 반드시 기억해야 합니다. 많은 사람이 감기 치료에 항생제가 효과적이라고 생각하지만 그것은 착각입니다. 감기는 박테리아가 아닌 바이러스 때문에 걸리는 병이니까요.

▌학자들은 차세대 항생제 개발을 위해 열대 우림부터 해저에 이르는 온갖 장소를 뒤지고 있다.

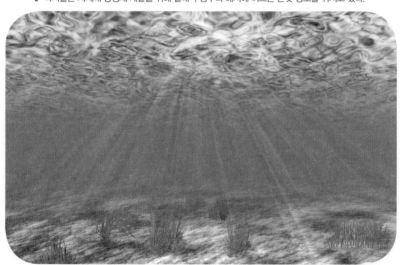

무엇보다 중요한 것은 청결을 유지하는 데 힘쓰는 것입니다. 타인의 칫솔이나 빗을 빌려 사용해서는 안 됩니다. 식재료를 만질 때도 조심해야 하지요. 과학계에서는 엄청난 비용을 들여가며 수십 년째 슈퍼박테리아를 물리칠 방도를 찾고 있어요. 하지만 가장 강력한 해결책은 여러분 집의 화장실에 있어요. 그 해결책이란 바로 비누와 물입니다. 손을 잘 닦는 것만으로도 절반은 성공한 셈입니다.

항균 비누의 불필요성

요즘에는 손을 닦거나 청소를 할 때 항균 비누를 사용하는 경우가 많습니다. 하지만 전문가들은 항균 제품을 사용할수록 득보다는 실이 많다고 지적합니다. 비누를 묻혀 물에 헹구기만 해도 충분하다는 것이 대부분 전문가의 의견입니다. 항균제에 들어 있는 화학 물질은 비누와 달리 피부에 오래 남습니다. 이러한 화학 물질은 피부에 남아서 지속적으로 박테리아를 죽입니다. 이때 박테리아의 내성이 강해지지요. 병원에서는 집단 감염을 막기 위해 항균 제품을 사용해야 하지만 집에서는 그럴 필요가 없습니다. 비누와 물만한 것이 없으니까요.

병원 위생

수많은 종류의 슈퍼박테리아가 병원에서 생겨납니다. MRSA가 처음 발견된 장소도 바로 병원이었지요. C. 디피실리도 병원 곳곳에 숨어서 질병을 일으킬 기회를 엿보고 있습니다. 병원에 잠깐 방문했든 며칠간 입원을 했든 병원에서는 항상 감염에 주의해야 합니다. 의사에게 그 병

최근 항균 비누가 유행하지만 보통 비누와 별 차이가 없다는 의견이 많다. 오히려 항균 비누가 항생제 내성균을 키운다는 주장이 설득력을 얻고 있다.

원의 슈퍼박테리아 감염률이 얼마 정도인지 물어볼 필요도 있습니다. 의료진은 환자에게 감염과 관련된 의료 정보를 알려줄 의무가 있습니다. 의료 정보를 요구하는 일은 환자의 정당한 권리이기도 하지요.

올바른 항생제 복용

슈퍼박테리아와의 싸움에서 이기려면 항생제 사용에 민감하게 대응해야 합니다. 항생제를 올바르게 사용하려면 항생제에 대한 기본적인 사항을 알아 두는 것이 좋습니다. 항생제를 복용할 때는 다음 세 가지 원칙을 기억하도록 합시다. 첫째, 의사에게 무조건 항생제 처방을 요구하는 것은 바람직하지 않습니다. 항생제 처방을 받기 전에 의사에게 항생제가 꼭 필요한지 문의하는 것이 좋아요. 둘째, 항생제를 처방받은 경우에는 의사가 지시한 대로 약을 모두 복용해야 합니다. 증상이 나아진다 싶어 항생제 복용을 중단해 버리면 약한 균만 죽고 튼튼한 균은 살아남습니다. 이때 저항력이 생긴 튼튼한 균은 빠르게 증식해 슈퍼박테리아로 변하게 되지요. 셋째, 절대로 다른 사람의 약을 먹어서는 안 됩니다. 그 약이 특정한 증상에는 효과가 없는 약일 수도 있기 때문입니다. 이러한 약을 먹으면 결국 체내의 착한 박테리아만 죽고 맙니다.

그 밖의 주의 사항

체육관이나 탈의실처럼 습하고 밀폐된 장소에서는 특히 주의를 기울여야 합니다. MRSA와 같은 병원균은 사람이 붐비는 좁은 장소를 좋아해요. 박테리아는 어린이집부터 감옥에 이르기까지 장소를 가리지 않고 번식합니다. 탈의실을 이용할 경우에는 수건이나 면도기와 같은 개인 위생 용품을 챙겨 가는 편이 좋습니다. 샤워할 때는 반드시 욕실용 슬리퍼를 신어야 합니다. 벤치나 화장실 변기는 한 번 닦아낸 다음에 앉는 것이 좋지요.

개인위생 용품을 돌려쓰는 일도 피해야 합니다. 칫솔을 빌려 쓰면 안 된다는 것은 누구나 아는 상식이지요. 그러면 머리빗은 어떨까요? 놀랍게도 칫솔이나 수건만이 아니라 머리빗을 비롯한 다양한 물건들이 박테리아를 옮길 수 있습니다. 휴대 전화를 통해 포도상구균이 전염될 수 있다는 사실을 모르는 사람도 많아요.

항생제 없는 세상?

수많은 사람이 슈퍼박테리아의 위험성에 대해 공감하고 항생제 사용을 줄여야 한다고 생각합니다. 하지만 항생제 사용을 줄이는 일이 그리 쉽지는 않습니다. 아직도 많은 사람이 감기와 같은 질병에 항생제를 처방받아 복용합니다. 박테리아가 아닌 바이러스에는 항생제가 소용이 없는데 무조건 항생제를 처방하는 의사도 있지요. 가축에 대한 항생제 사용에 대해 관대한 사람은 그보다 훨씬 많습니다. 질병에 걸리지 않은 가축에게 항생제를 먹여 사육하는 농장도 여전히 많아요. 항생제 오남용의 문제점을 알면서 우리는 습관처럼 항생제를 사용합니다.

항생제는 이처럼 우리 생활 깊숙이 들어와 있습니다. 항생제 사용을 줄여야 한다고 하지만 이제 우리는 항생제 없는 삶을 상상하기 힘듭니다. 사실 항생제는 박테리아 관련 질환으로부터 인간의 건강을 지켜주는 고마운 존재이기도 합니다. 항생제가 없었다면 많은 사람이 감염 질환으로 인해 목숨을 잃었을 테지요. 그렇기 때문에 항생제의 효능에 대해 강한 신뢰를 가지고 있는 사람은 항생제는 죄가 없다고 주장합니다. 슈퍼박테리아는 항생제를 잘못 사용한 인간의 실수 때문에 생겨난 산물일 뿐 항생제 그 자체에는 문제가 없다는 이야기예요. 이들은 새로운 항생제의 개발이 슈퍼박테리아의 위협으로부터 인류를 지킬 수 있으리라고 생각합니다. 수익이 별로 나지 않는 항생제 시장에 과감히 투자하는 제약 회사가 거의 없기 때문에 새로운 항생제 개발 속도가 더딘 것이 오히려 문제라고 주장하지요.

하지만 슈퍼박테리아가 새로운 항생제에 빠르게 적응하고 있는 점에 주목해야 한다고 말하는 사람이 훨씬 많습니다. 이들은 새로운 항생제가 개발되더라도 금세 내성이 생길 가능성을 항상 염두에 두어야 한다고 주장합니다. 또한 새롭게 개발된 항생제의 가격이 대체로 너무 비싸서 정작 슈퍼박테리아가 창궐하기 쉬운 개발도상국에서는 사용할 수 없다는 점을 지적하지요. 이들의 주장대로 많은 사람이 한꺼번에 슈퍼박테리아에 노출될 경우 비싼 항생제에 접근할 기회는 일부 상류층에게만 주어질 수 있습니다. 새로운 항생제가 개발되더라도 슈퍼박테리아의 전 세계적인 유행을 막을 수 있다고는 보장할 수 없는 셈이지요.

지금까지 우리는 인류를 위협하는 슈퍼박테리아와 항생제 오남용의 문제점에 대해 알아보았습니다. 여러분은 이 문제에 대해 결론을 내렸나요? 여러분이 어떠한 의견에 찬성하든 중요한 점은 하나입니다. 비록 항생제 없이 살아갈 수는 없지만 항생제 사용을 줄이려는 노력에 힘을 쏟아야 한다는 점입니다. 슈퍼박테리아는 인간의 욕심이 만들어 낸 산물입니다. 더 빠르고 편리하게 더 많은 것들을 얻으려는 욕심 때문에 인간은 항생제를 과다하게 사용해 왔습니다. 그리고 그것이 우리 자신을 위협하는 독이 되어 돌아왔지요.

이제는 욕심을 버리고 우리의 삶을 돌아볼 때입니다. 여러분도 이제부터 약을 먹을 때 잠시 멈추어 생각해 보세요. 과연 나에게 꼭 필요한 약인지, 너무 많은 것을 원하고 너무 빠른 것만 원하는 세상에 나도 모르게 길들여진 것은 아닌지 생각해 볼 필요가 있습니다. 그러한 한 순간이 우리의 미래를 바꾸는 원동력이 될 수도 있으니까요.

간추려 보기

- 항생제 개발에는 막대한 연구비가 든다. 또한 항생제를 의약품 시장에 출시하려면 10년이라는 긴 세월이 걸린다. 그 때문에 최근 제약 회사들은 항생제 개발에 소극적이다.
- 영국과 스웨덴 같은 국가에서는 정부가 제약 업계와 손을 잡고 신약 개발 비용을 분담하는 경우도 있다. 그러나 제약 회사가 정부의 도움을 받더라도 슈퍼박테리아에 대한 새로운 항생제 개발을 외면할 것이라 추측하는 사람들도 다수 존재한다.
- 힘들게 새 치료제를 내놓아도 슈퍼박테리아는 금세 내성을 획득해 버린다. 병원에서 치료제를 사용하기 시작하자마자 곧 항생제 내성균이 등장해 새로운 항생제를 무용지물로 만든다.

용어 설명

개발도상국 대부분의 국민이 높은 수준의 복지와 생활을 누릴 정도로는 국민 소득이 높지 않지만 꾸준히 발전하고 있는 국가. 경직된 사회 제도, 소득 분배의 불균형, 부족한 문화 시설 등이 특징이다.

곰팡이 박테리아와 비슷하지만 구조적으로 확연한 차이가 있는 미생물. 곰팡이의 경우 박테리아와 달리 여러 개의 세포로 구성되어 있다. 움직이지 않기 때문에 과거에는 식물로 분류되었다. 포자를 퍼뜨려 번식한다.

교차 오염 더러운 신체 부위나 비위생적인 물건 등을 통해 균이 퍼지는 것. 주로 식재료, 조리 기구 등에 묻어 있던 미생물이 다른 식재료에 닿아 오염된다.

메티실린 페니실린이 듣지 않는 감염 질환에 사용하는 합성 페니실린.

바이러스 현미경으로만 볼 수 있을 만큼 작은 감염체. 박테리아와 비슷하지만 숙주 안에서만 살 수 있다는 차이가 있다. 건강한 세포가 바이러스에 감염되면 세포 안에서 바이러스가 복제된다.

박테리아 현미경으로만 볼 수 있을 만큼 작은 미생물. 하나의 세포로 이루어져 있다. 사람의 건강에 유익한 박테리아도 있고 유해한 박테리아도 있다. 박테리아는 이 지구상에서 개체 수가 가장 많은 생물이기도 하다.

백일해 보르데텔라 백일해균에 의해 발생하는 호흡기 질환이다. 발작, 구토 등과 함께 약 2주에 걸쳐 기침 증상이 지속된다. 어린 아이에게 발병했을 때 사망률이 꽤 높은 편이었으나 현재는 예방 접종으로 인해 발병이 줄어들었다.

변이 동일한 종이나 동일 집단의 개체들이 유전적, 또는 비유전적 특성에 따라 여러 가지 형질로 나타나는 현상을 말한다.

보균자 병원균을 체내에 보유하고 있지만 아무런 증상이 없는 사람. 보균자는 감염의 매개체로서 질병 전파의 주된 원인이 되는 경우가 많다.

선진국 대부분의 국민이 높은 수준의 복지와 생활을 누릴 수 있을 만큼 국민 소득이 높은 국가. 경제, 사회, 문화, 정치의 전 분야에 걸쳐 비교적 잘 발달된 국가를 말한다.

슈퍼박테리아 강력한 내성이 생겨 항생제로도 죽일 수 없는 유해 박테리아. 항생제 남용으로 인해 발생한 것으로 알려져 있다. 항생제 내성으로 인해 현존하는 슈퍼박테리아를 퇴치하더라도 새로운 슈퍼박테리아가 나올 가능성이 높다.

세계 보건 기구 국제 연합(United Nation)의 산하기구로서, 세계 보건 증진을 위해 1948년에 설립된 단체. 영문명 약자를 따서 WHO라고도 부른다.

요추천자 척수에 구멍을 뚫고 척수액을 소량 추출해 분석하는 검사 방법. 뇌수막염과 같은 신경 계통의 질환을 진단하기 위해 사용한다.

유럽 연합 유럽 전반의 경제 문제, 사회 문제, 안전 문제를 고민하고 해결하기 위해 1993년 결성된 단체. 현재 28개국이 가입해 있다.

유전자 키와 머리카락 색깔 등 부모로부터 물려받는 각 개체의 특징을 결정하는 DNA 조각. 사람의 경우 체내의 각 세포마다 2억 5천에서 3억 5천 개의 유전자가 들어 있다. 박테리아가 가진 유전자 수는 575개에서 5,500개 사이이다.

인두염 입안과 식도 사이에 있는 소화 기관에 염증이 생기는 질병. 주로 목구멍에 홍반, 이물감, 건조감 등의 국소증상이 수반된다. 대부분의 경우 세균이나 바이러스에 의한 감염, 유해가스나 분진 등에 의한 자극이 그 원인이다.

척수 척추 안쪽에 있는 일종의 신경 줄기. 뇌와 말초 신경 사이의 연결 통로 역할을 한다.

콜레라 콜레라균에 의해 일어나는 소화기계의 전염병. 주요 증상은 격한 구토와 설사다. 인도, 셀레베스 섬의 풍토병이었으나 세계 곳곳에서 크게 유행했다. 국제 검역 전염병으로 정해졌고, 한국에서도 법정 전염병으로 분류되었다.

포자 박테리아나 식물이 무성 생식을 하기 위해 형성하는 생식 세포. 공기 중에 퍼져 번식을 돕는다.

플라스미드 염색체와는 별개로 세포 내에 존재하면서 독자적으로 증식할 수 있는 DNA 조각. 고리 모양을 띠고 있으며 세균의 생존에 필수적인 유전자는 아니다. 일부 박테리아에서 발견되는 플라스미드는 항생제 내성을 유발하는 유전자를 운반할 수 있다.

한센병 나균에 의해 감염되는 만성 전염성
질환. 6세기에 최초로 발견되었다. 현재는
전 세계적으로 연간 1만 명당 1건 미만으로
발생하는 희귀한 질환이다. 나균이 피부나
말초신경계의 점막에 침투하여 피부 조직을
파괴하는 것이 주요 증상이다.

항생 물질 미생물이 생성하는 화학 물질로서
다른 미생물이나 해충, 잡초의 발육 또는 대사
작용을 억제하는 생리 작용을 지닌 물질.

항생제 박테리아를 죽이거나 그 성장을 멈
추는 물질. 보통 박테리아나 곰팡이에서 추
출한 항생 물질을 이용해 만들지만 화학적
으로 합성한 항생제도 존재한다.

연표

1660년   네덜란드 의류 상인 안톤 판 레이우엔훅이 세계 최초로 박테리 아를 목격했다. 우연히 연못물 한 방울을 돋보기로 관찰한 일이 계기가 되었다.

1870년   독일 의사인 로베르트 코흐가 박테리아가 병을 일으킨다는 사실을 증명했다.

1928년   스코틀랜드 출신 과학자 알렉산더 플레밍이 우연히 페니실린을 발견했다. 이 발견은 훗날 최초의 항생제 개발로 이어졌고 수백 만의 생명을 구하게 된다.

1943년   제약 회사들이 페니실린을 대량생산하기 시작했다.

1945년   플레밍이 《뉴욕 타임스(New York Times)》와의 인터뷰에서 페니 실린을 남용하면 항생제가 듣지 않는 돌연변이 박테리아가 생겨날 것이라고 경고했다.

1954년   미국에서만 1,000톤에 가까운 항생제가 생산되었다. 2000년에 이르러 항생제의 생산량은 2억 3천톤 정도로 증가했다.

1958년   미국 유전학자 조슈아 레더버그가 박테리아가 유전자를 서로 교환할 뿐만 아니라 내성을 퍼뜨릴 수 있다는 사실을 증명해낸 공로를 인정받아 노벨상을 수상했다.

1960년	영국에서 강력한 항생제 메티실린이 새로 개발되었다.
1961년	최초의 메티실린 내성 병원균 MRSA가 발견되었다.
1963년	MRSA 감염 사례가 덴마크에서도 보고되었다.
1967년	뉴기니 섬에서 페니실린 내성 폐렴연쇄상구균의 집단 감염이 발생했다. 이 사건은 병원 밖에서 일어난 최초의 슈퍼박테리아에 의한 집단 감염 사건이었다.
1968년	과테말라에서 1만 2천 명 이상이 전염성 설사로 사망했다. 이 설사의 원인균은 무려 4가지 항생제에 대한 내성을 가지고 있었다.
1983년	미국에서 항생제를 투여받은 쇠고기로 만든 음식을 먹고 18명이 항생제 내성 살모넬라 식중독에 걸렸다. 11명이 입원했고 1명이 사망했다.
1986년	스웨덴 정부가 성장 촉진 목적으로 가축에게 항생제를 사용하는 것을 금지했다.
1992년	통계에 의하면 전 세계적으로 약 1억 3천 명의 입원 환자가 항생제 내성 박테리아 감염 때문에 사망한다고 한다. 미국에서는 당시 보고된 박테리아의 5퍼센트 정도가 페니실린에 내성이 있는 것으로 확인되었다.
2003년	부상을 당해 육군 병원에 입원한 이라크 전 참전 용사들이 아시네

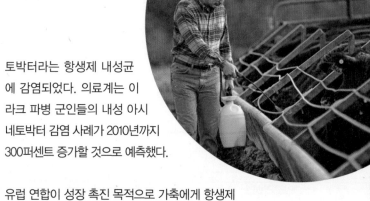

토박터라는 항생제 내성균
에 감염되었다. 의료계는 이
라크 파병 군인들의 내성 아시
네토박터 감염 사례가 2010년까지
300퍼센트 증가할 것으로 예측했다.

2006년   유럽 연합이 성장 촉진 목적으로 가축에게 항생제
          를 사용하는 행위를 금지했다.

2007년   미국 병원내의 MRSA 감염 사례가 짐작하던 것보다 10배 많은
          것으로 조사되었다.

2008년   항생제 내성 대장균, 살모넬라, MRSA의 인체 감염이 증가하는
          원인 중 하나가 가축 사료에 항생제를 섞는 일이라는 사실이 연
          구를 통해 밝혀졌다.

2010년   NDM-1 감염으로 인한 사망자가 최초로 발생했다. 이 사건을
          시작으로 미국과 호주, 캐나다, 네덜란드, 영국, 일본, 스웨덴,
          인도, 파키스탄 등지에서도 NDM-1 감염 사례가 보고되었다.

더 알아보기

박테리아의 종류 www.typesofbacteria.co.uk
유해한 박테리아와 유익한 박테리아가 총망라된 웹사이트. 박테리아에 관한 기본 지식을 배울 수 있다.

세계 보건 기구 www.who.int
보건 위생 분야의 국제적 협력을 위해 설립된 세계 보건 기구의 웹사이트. 건강에 관한 각종 연구 자료와 기술 정보를 열람할 수 있다. 항생제 내성 관련 내용과 세계보건의 날 관련 뉴스도 열람할 수 있다.

항생제 올바로 쓰기 캠페인 www.antibioticuse.org
대한 감염 학회와 대한 화학 요법 학회에서 주관하는 항생제 내성 극복을 위한 캠페인. 항생제에 대한 다양한 정보를 접할 수 있다.

질병 관리 본부 www.cdc.go.kr
국내에 전파된 전염성 질환에 대한 예방책 마련을 위해 세워진 질병 관리 본부의 웹사이트. 다양한 전염성 질환에 대한 정보를 얻을 수 있다.

국가 건강 정보 포탈 health.mw.go.kr
보건 복지부가 국민에게 다양한 의료 정보를 제공하기 위해 만든 건강 정보 사이트. 항생제와 박테리아 관련 질환에 대한 정보를 검색해 볼 수 있다.

찾아보기

내인생의책은 한 권의 책을 만들 때마다
우리 아이들이 나중에 자라 이 책이 '내 인생의 책'이라고 말할 수 있는 책을 만들고자 합니다.

세상에 대하여 우리가 더 잘 알아야 할 교양
38 슈퍼박테리아 과학으로 해결할 수 있을까? (원제:Superbugs)

존 디콘실리오 글 | 최가영 옮김 | 송미옥 감수

초판 인쇄일 2014년 7월 10일 | 초판 발행일 2014년 7월 24일
펴낸이 조기룡 | 펴낸곳 내인생의책 | 등록번호 제10-2315호
주소 서울시 강서구 가양동 52-7 강서 한강자이타워 A동 306호
전화 (02)335-0449, 335-0445(편집) | 팩스 (02)6499-1165
전자우편 bookinmylife@naver.com | 카페 http://cafe.naver.com/thebookinmylife
편집장 이은아 | 책임편집 조정우 | 편집1팀 신인수 이다겸 이지연 김예지 | 편집2팀 박호진 이민해
디자인 최원영 심재원 | 경영지원 김지연 | 마케팅 이성민 서영광

이 책의 한국어판 저작권은 시빌에이전시를 통해
영국 Capstone Global Library 출판사와 독점 계약으로 **내인생의책**에 있습니다.
저작권법에 의해 한국 내에서 보호를 받는 저작물이므로 무단전재와 무단복제를 금합니다.

ISBN 979-11-5723-068-6 44300
ISBN 978-89-97980-77-2 44330(세트)

Advertising Attack by Laura Hensley
Under licence to Capstone Global Library Limited.
Text © Capstone Global Library Limited 2011
All rights reserved.
Korean translation copyright © 2014 by TheBookinMyLife Publishing Co
This Korean edition is published by arrangement with Capstone Global Library Limited through Sibylle Books
Literary Agency, Seoul, Korea

책값은 뒤표지에 있습니다. 잘못된 책은 구입처에서 바꾸어 드립니다.

이 도서의 국립중앙도서관 출판시도서목록(CIP)은 e-CIP 홈페이지(http://www.ml.go.kr/ecip)에서 이용하실 수 있습니다.
(CIP제어번호: 2014020687)

디베이트 월드 이슈 시리즈

세상에 대하여 우리가 더 잘 알아야 할 교양

전국사회교사모임 선생님들이 번역한 신개념 아동·청소년 인문교양서!

《디베이트 월드 이슈 시리즈 세더잘》은 우리 아이들에게 편견에 둘러싸인 세계 흐름에서 벗어나 보다 더 적확한 정보와 지식을 제공합니다. 모두가 'A는 B이다.'라고 믿는 사실이, 'A는 B만이 아니라, C나 D일 수도 있다.' 라는 것을 알려 주면서 아이들이 또 다른 진실을 발견하도록 안내합니다.

★ 전국사회교사모임 추천도서 ★ 문화체육관광부 우수교양도서 ★ 한국간행물윤리위원회 청소년 권장도서 ★ 서울시교육청 추천도서
★ 보건복지부 우수건강도서 ★ 아침독서 추천도서 ★ 대교눈높이창의독서 선정도서 ★ 학교도서관저널 추천도서

① 공정무역 ② 테러 ③ 중국 ④ 이주 ⑤ 비만 ⑥ 자본주의 ⑦ 에너지 위기 ⑧ 미디어의 힘 ⑨ 자연재해 ⑩ 성형 수술
⑪ 사형제도 ⑫ 군사 개입 ⑬ 동물실험 ⑭ 관광산업 ⑮ 인권 ⑯ 소셜 네트워크 ⑰ 프라이버시와 감시 ⑱ 낙태 ⑲ 유전
공학 ⑳ 피임 ㉑ 안락사 ㉒ 줄기세포 ㉓ 국가 정보 공개 ㉔ 국제 관계 ㉕ 적정기술 ㉖ 엔터테인먼트 산업 ㉗ 음식문맹
㉘ 정치 제도 ㉙ 리더 ㉚ 맞춤아기 ㉛ 투표와 선거 ㉜ 광고 ㉝ 해양석유시추 ㉞ 사이버 폭력 ㉟ 폭력 범죄 ㊱ 스포츠
자본 ㊲ 스포츠 윤리

세더잘 37

스포츠 윤리 승리 지상주의의 타개책일까?

로리 하일 글 | 이현정 옮김 | 김도균 감수

스포츠의 궁극적인 목적은 경쟁에서 우위를 점하고 승리를 거두는 것이다.
vs 승리도 중요하지만 스포츠의 본질을 해쳐서는 안 된다.

운동선수 중에는 승리에 대한 집착이 심해진 나머지 규정을 어기면서 편법을 사용하고 심지어 금지 약물까지 복용하는 이들이 있습니다. 지나친 승리 지상주의에 빠진 결과지요. 그렇다면 승리 지상주의에서 벗어나 진정한 스포츠 정신을 지키기 위해 어떻게 해야 할까요? 스포츠 윤리가 그 해답이 될 수 있을까요?

세더잘 36

스포츠 자본 약일까, 독일까?

닉 헌터 글 | 이현정 옮김 | 김도균 감수

스포츠 자본은 스포츠의 발전에 지대한 영향을 끼쳤다.
vs 스포츠 자본은 스포츠를 돈벌이 수단으로 전락시켰다.

스포츠의 발전에는 자본이 필요합니다. 하지만 자본이 스포츠를 돈벌이 수단으로 만들고 말았다는 탄식이 오늘날 이곳저곳에서 터져 나오고 있습니다. 자본의 편중으로 인한 역차별 현상에 대한 우려도 높습니다. 승부조작이나 약물 복용 같은 범법 행위가 문제가 되기도 합니다. 이미 산업화 되어버린 현대 스포츠에서 우리는 스포츠 자본을 어떻게 바라보아야 할까요?

세더잘 35

폭력 범죄 어떻게 봐야 할까?

앨리슨 라쉬르 글 | 이현정 옮김 | 이상현 감수

강력한 법집행이 폭력 범죄를 근절할 수 있다.
vs 폭력 범죄를 해결하는 근본적인 해결책은 무거운 형벌이 아닌 범죄 예방 교육이다.

세계 어디서나 폭력 범죄는 심각한 사회 문제입니다. 그래서 현재 세계 각국에서는 폭력 범죄를 해결하기 위한 다양한 논쟁이 일어납니다. 과연 강력한 법집행이 폭력 범죄를 근절할 수 있는 대안일까요? 아니면 무거운 형벌보다 범죄 예방 교육이 더 필요한 걸까요? 어떤 선택이 우리 삶을 더 안전하게 만들 수 있을까요?

세더잘 34

사이버 폭력 어떻게 대처할까?

닉 헌터 글 | 조계화 옮김 | 김동섭 감수

사이버 폭력은 현실에서 벌어지는 학교 폭력보다 심각하지 않다.
vs 사이버 폭력은 시간과 장소를 가리지 않고 벌어지기 때문에 학교 폭력보다 심각하다.

최근 청소년 사이에서 모바일 메신저나 소셜 네트워크 사이트, 인터넷을 이용한 사이버 폭력이 급격히 증가했습니다. 사이버 폭력은 피해자를 24시간 내내 공포에 떨게 하고, 인터넷이나 휴대 전화를 사용할 수 있는 곳이라면 어디서든 발생합니다. 우리 자신과 친구를 사이버 폭력에서 지키려면 어떻게 해야 할까요?

세더잘 33

해양석유시추 문제는 없는 걸까?

닉 헌터 글 | 이은주 옮김 | 최종근 감수

해양석유시추는 석유 부족 문제를 해결할 신기술이다.
vs 해양석유시추는 사고 위험이 높고 환경을 파괴하므로 석유를 대체할
새로운 에너지원을 개발해야 한다.

최근 해저 깊은 곳에서 석유를 생산하는 해양석유시추가 새로운 석유 공급원으로 각광받고 있습니다. 하지만 사고가 나서 바다에 석유가 유출되면 해양 생태계가 큰 타격을 입습니다. 이러한 위험이 있는데도 해양석유시추를 계속해야 할까요? 바다에서 석유를 시추하는 것보다 석유를 대체할 새로운 에너지원을 찾는 것이 석유 고갈 문제의 효과적인 대안이 아닐까요?

세더잘 32

광고 그대로 믿어도 될까?

로라 헨슬리 글 | 김지윤 옮김 | 심성욱 감수

광고는 상품에 대한 정보를 제공하므로 소비자에게 유용하다.
vs 광고는 판매를 위해 상품에 대한 허위, 과대광고로 소비자를 현혹한다.

광고에는 순기능이 있는 반면 역기능도 많습니다. 제품의 단점은 슬쩍 감추고 장점만을 과장하는 경우도 있고, 광고가 아닌 것처럼 속여 구매를 유도하는 경우도 많기 때문입니다. 우리는 한 사람의 소비자로서 이러한 광고의 공격에 어떻게 대응해야 할까요? 이 책은 광고의 역사를 알려줄 뿐만 아니라 광고의 실체를 낱낱이 파헤칩니다.

세더잘 31

투표와 선거 과연 공정할까?

마이클 버간 글 | 이현정 옮김 | 신재혁 감수

대의 민주주의에서는 투표와 선거를 통해 당선된 사람을 반드시 우리의 대표자로 인정해야 한다.
vs 투표와 선거의 과정이 공정하지 않았을 수도 있으므로 그 결과를 무조건 신뢰할 수는 없다.

투표와 선거는 민주주의 국가에 살고 있는 시민들의 중요한 권리이자 의무입니다. 우리는 투표와 선거를 통해 공동체를 이끌 대표자를 선출하지요. 현재의 선거 제도는 일반 국민의 의사를 제대로 반영할까요? 아니라면 어떤 모습으로 바뀌어야 할까요?

세더잘 30

맞춤아기 누구의 권리일까?

존 블리스 글 | 이현정 옮김 | 오정수 감수

맞춤아기는 심각한 유전 질환을 가진 아이에게 구세주가 될 수 있다.
vs 병을 치료하기 위해 맞춤아기를 만드는 일은 인간의 생명을 도구로 사용하는 일이다.

맞춤아기가 등장하면서 개인의 권리와 생명의 가치 그리고 과학 기술의 발전이 어떻게 균형을 맞추어야 하는지에 대해 끝없는 논쟁이 일고 있습니다. 맞춤아기 기술의 현주소는 어디이며 앞으로 어디까지 발전될까요? 또한 맞춤아기는 어떻게 사용될 수 있으며, 어디까지 사용할 수 있도록 허용해야 할까요?

※ 디베이트 월드 이슈 시리즈 **세더잘**은 계속 출간됩니다.

청소년을 위한 세계경제원론

이론과 현실을 조화롭게 아우른 생생한 세계경제원론서!

바바라 고트프리트 홀랜더 외 글 | 김시래, 유영채 옮김 | 이지만 감수
각 권 84~104쪽 | 각 권 10,000~12,000원

01 경제학 입문
수요와 공급에서부터 사업 조직, 대출과 이자, 중앙은행과 정부의 역할, 경제 체제 그리고 무역에
이르기까지 경제학의 기본 개념을 배우며 경제를 보는 눈을 기릅니다.

02 금융 시장
금융 시장의 개념과 작동 원리, 투자의 기본적인 기능과 예금, 적금, 주식, 채권 등 보상과 위험이 공존하는
다양한 금융 투자의 세계를 알아봅시다.

03 경제 주기
경제 주기란 무엇이며 경기가 호황인지 불황인지를 어떤 지표로 판단하는지 배웁니다. 세계경제가 어떻게
변화해 왔는지와 더불어 현재 세계경제가 처한 상황도 짚어 봅니다.

04 세계화의 두 얼굴
시장과 무역의 역사, 세계화가 노동자와 기업, 선진국과 개발 도상국, 환경과 문화 등 사회 전반에 미치는
영향과 부작용, 문제를 해결해 나가기 위해 함께 노력하는 국제 사회의 모습을 살펴봅니다.

★서울시교육청 추천도서 ★한국간행물윤리위원회 선정도서